甘肃省职业教育教学改革研究项目
"职业院校中华优秀传统文化教材创新研究"
（项目编号：2023gszyjy-061）

甘肃省教育科学"十四五"规划2023年度课题
"《中华优秀传统文化》课程建设及创新发展路径研究"
（课题编号：GS[2023]CHB1478）

21世纪高等职业教育精品教材·通识课系列

中华优秀传统文化实践活动设计与策划

主审　刘国军

主编　白彩霞　宋玲霞　王美龄

副主编　朱慧玲　王文静　李晓燕　赵继东
　　　　苏文力　夏向军　康思凝　赵延红

金立芸　汤永霞　张茂武

徐少军　杨德峰　于小秦

参编　刘颖　侯桂秀　刘稳妮　赵贵延
　　　郭嘉　任向红　杨伟奇　姚继琴
　　　赵洁　马荣　杜亚洺
　　　李继军　朱明花　赵海谚

中国人民大学出版社
·北京·

图书在版编目（CIP）数据

中华优秀传统文化实践活动设计与策划 / 白彩霞，宋玲霞，王美龄主编. -- 北京：中国人民大学出版社，2023.10

新编 21 世纪高等职业教育精品教材. 通识课系列

ISBN 978-7-300-32127-1

Ⅰ. ①中… Ⅱ. ①白… ②宋… ③王… Ⅲ. ①中华文化－高等职业教育－教材 Ⅳ. ① K203

中国国家版本馆 CIP 数据核字（2023）第 162702 号

甘肃省职业教育教学改革研究项目"职业院校中华优秀传统文化教材创新研究"（项目编号：2023gszyjy-061）

甘肃省教育科学"十四五"规划 2023 年度课题"《中华优秀传统文化》课程建设及创新发展路径研究"（课题编号：GS[2023]CHB1478）

新编 21 世纪高等职业教育精品教材·通识课系列

中华优秀传统文化实践活动设计与策划

主　审	刘国军	徐少军	杨德峰	于小秦	金立芸	汤永霞	张茂武
主　编	白彩霞	宋玲霞	王美龄				
副主编	朱慧玲	王文静	李晓燕	赵继东	苏文力	夏向军	康思凝
	赵延红	郭　嘉	任向红	杨伟奇			
参　编	刘　颖	侯桂秀	刘稳妮	赵贵延	赵　洁	马　荣	杜亚洺
	姚继琴	李继军	朱明花	赵海谚			

Zhonghua Youxiu Chuantong Wenhua Shijian Huodong Sheji yu Cehua

出版发行	中国人民大学出版社			
社　　址	北京中关村大街 31 号		邮政编码	100080
电　　话	010 - 62511242（总编室）		010 - 62511770（质管部）	
	010 - 82501766（邮购部）		010 - 62514148（门市部）	
	010 - 62515195（发行公司）		010 - 62515275（盗版举报）	
网　　址	http://www.crup.com.cn			
经　　销	新华书店			
印　　刷	北京昌联印刷有限公司			
开　　本	787 mm×1092 mm　1/16		版　次	2023 年 10 月第 1 版
印　　张	16		印　次	2024 年 8 月第 2 次印刷
字　　数	323 000		定　价	42.00 元

学思悟透，知行合一

——写在《中华优秀传统文化实践活动设计与策划》付梓之际

习近平总书记在学习贯彻党的二十大精神研讨班开班式上指出："中国式现代化，深深植根于中华优秀传统文化，体现科学社会主义的先进本质，借鉴吸收一切人类优秀文明成果，代表人类文明进步的发展方向，展现了不同于西方现代化模式的新图景，是一种全新的人类文明形态。"在5000多年的漫长历史中，中华民族创造了辉煌灿烂的文明，形成了自身独到的宇宙观、天下观、社会观、道德观及其所推崇的天下为公、民为邦本、为政以德、革故鼎新、任人唯贤、天人合一、自强不息、厚德载物、讲信修睦、亲仁善邻等理念，从而为中国式现代化能够形成自身独特的世界观、价值观、历史观、文明观、民主观、生态观铸就了内核。

校本教材《中华优秀传统文化十六讲》出版发行后仅仅一年多时间，它的辅助教材《中华优秀传统文化实践活动设计与策划》在包括兰州职业技术学院在内的相关单位的领导和同人的大力支持，特别是学院内外各位作者的不懈努力下，也要和大家见面了。这是兰州职业技术学院持续深化学习和全面贯彻习近平新时代中国特色社会主义思想，推动学院"三抓三促"行动走深、走实结出的硕果。

把学、问、思、辨、行融贯为一个整体，让学生把中华优秀传统文化中所蕴含的核心理念、哲学思想、传统美德、人文精神，以题材体裁异彩纷呈、课堂内外实践、寓教于乐的活动方式，予以巩固、消化，甚至落实到个人素质的培养中、落实到中华优秀传统文化传承与弘扬的实践中，也是学习效果的进一步提升。

习近平总书记指出："没有文明的继承和发展，没有文化的弘扬和繁荣，就没有中国梦的实现。"

文化是一个民族持久发展的内生动力，一个国家、一个民族，如果抛弃自己的文化根源，迟早会失去精神动力。传承和弘扬中华优秀传统文化是以中国式现代化实现中华民族伟大复兴的重要组成部分。中华优秀传统文化是中国人民的精神命脉，蕴含着丰富的治国理政和为人处世的道理，是中华民族所特有的精神力量。

深入学习、普及、传承和弘扬中华优秀传统文化，已经成为全社会的共识。早在2017年1月，中共中央办公厅、国务院办公厅印发《关于实施中华优秀传统文化传承发展工程的意见》（中办发〔2017〕5号，以下简称《意见》），要求着重研究和宣传中华优秀传统文化的核心思想观念，宣传中华传统美德，发扬中华人文精神。《意见》提出："把中华优秀传统文化全方位融入思想道德教育、文化知识教育、艺术体育教育、社会实践教育各环节。"我们现在要做的一项重要工作，就是要在具体落实上多下功夫。

"博学之，审问之，慎思之，明辨之，笃行之。"这是《礼记·中庸》里的一句话，强调在教学过程中，切实把"学、问、思、辨、行"融为一体。《中华优秀传统文化实践活动设计与策划》既全面贯彻落实《意见》精神，也是对传统教学方式中单纯以图文说教为主、影视素材为辅等不足予以克服的有益探索，通过具体的实践活动，活跃课堂气氛，让学生巩固消化相关知识，达到传承和弘扬中华优秀传统文化的目的。

传承和弘扬中华优秀传统文化最有效的方式就是创新文化传播方式和表达方式，本教材就是将中华优秀传统文化中的"圣贤哲理、诗书礼乐、琴棋书画、音乐戏剧、风俗节气"等，融入各类文体、实践和研学活动中，让莘莘学子参与其中，在具体实践中感受中华优秀传统文化的魅力。

《中华优秀传统文化实践活动设计与策划》不仅编排设计新颖，且图文并茂，融知识性、趣味性、参与性为一炉，汇互动性、可读性、适用性为一体，既符合青少年学习的认知规律，也避免传统课堂教学的枯燥生硬；既能在教育教学工作中烘托氛围，还能进一步提高中华优秀传统文化的亲和力，有事半功倍之效，极具推广价值。

这本教材，让学生在整学期"经典研读一条龙"活动和"沉浸式课堂文化剧演绎"活动里，鉴赏中华传统文化中"讲仁爱、重民本、守诚信、崇正义、尚和合、求大同"的哲学理念；在"中华礼仪沉浸式体验"活动中，行中华礼仪、展民族风采；在短视频制作活动中，秀家乡美食；在品读与实践中，领略传统书画艺术里"浓妆淡抹总相宜"的雅韵；在中华传统吉祥纹样礼品的制作中，我手表我心、心意送亲人；在诗词吟诵浸润式的体验中，领略"桃李不曾言，未觉已成蹊"的境界；在黄河水车木构模型制作中，感受"未使三分力，能滋万亩田"的惬意。

这些不正是我们在知行合一里体悟中华优秀传统文化的智慧、在身体力行中弘扬中华优秀传统文化的精华吗？

付梓在即，以拙文为序！

徐少军

2023年9月8日

为有源头活水来

兰州职业技术学院基础教学部传统文化教研室老师们编写的《中华优秀传统文化十六讲》已出版，在案头，在手头，在课堂。时隔一年，老师们的又一部力作《中华优秀传统文化实践活动设计与策划》就要开花结果啦。

为贯彻落实党的二十大报告中关于"推进文化自信自强，铸就社会主义文化新辉煌"的精神，大学要始终坚持社会主义核心价值观，坚守中华文化立场，加快构建中国特色哲学社会科学学科体系、学术体系、话语体系，为构建中国自主知识体系做出更大贡献。要积极推进文化创新，在文艺创作、文化实践、文明传播领域发挥特长和优势，在历史文化传承与保护、公共文化服务体系建设、文化惠民工程实施、文化和旅游融合发展中发挥作用。

习近平总书记指出："中华优秀传统文化是中华民族的精神命脉，是涵养社会主义核心价值观的重要源泉，也是我们在世界文化激荡中站稳脚跟的坚实根基。"

"半亩方塘一鉴开，天光云影共徘徊。问渠那得清如许？为有源头活水来。"简单地说，这是一部教学改革教案集。教案是教师的教学设计和设想。教学是一种创造性劳动。优秀教案是设计者教育思想、智慧、动机、经验、个性和教学艺术性的综合体现。当中华优秀传统文化进入校园，教师们开始了探索与实践，在这里集中体现了教师们的科学精神，他们创造性地对这门课程进行各种尝试，发挥每个人的聪明才智和创造力，在不同的教学选材中尽显个性与风采。

美国学者肯普给教学设计下的定义是："教学设计是运用系统方法分析研究教学过程中相互联系的各部分的问题和需求，在连续模式中确立解决它们的方法步骤，然后评价教学成果的系统计划过程。"在长期的中华优秀传统文化教学探索与实践过程中，教师们在如何让学生获得知识和能力、掌握过程和方法、滋养情感态度和价值观上，形成了自己独特且富有操作性的教学设计，从而大大提高了教学的趣味性，让学生能沉浸其中，感受、领悟、践行中华优秀传统文化的精髓。

结合新的时代条件传承和弘扬中华优秀传统文化，大学要发挥自身科研优势，系统梳理传统文化资源，取其精华、去其糟粕，提炼概括中华文明的精神标识和文化精髓，讲清楚中华优秀传统文化的历史渊源、发展脉络、基本走向，讲清楚其独特创造、价值理念、鲜明特色，用中华民族创造的宝贵精神财富来以文化人、以文育人，增强做中国人的骨气和底气。在深化研究中华优秀传统文化的同时，要推动中华优秀传统文化创造性转化、创新性发展，既要按照时代特点和要求，赋予至今仍有借鉴价值的中华优秀传统文化新的时代内涵和现代表达形式，激活其生命力，也要按照时代的新进步新进展，对中华优秀传统文化的内涵加以挖掘、拓展、完善，增强其影响力和感召力，让得到创造性转化、创新性发展的中华优秀传统文化成为社会主义文化新辉煌的璀璨篇章。

"既滋兰之九畹兮，又树蕙之百亩。"《中华优秀传统文化实践活动设计与策划》"与经典同行，鉴圣贤智慧"，"行中华古礼，展民族风采"，"穿大漠风沙，阅丝路文化"，成果丰硕，可喜可贺。

杨德峰

2023 年 9 月 16 日

国家之魂，文化铸就

在中华民族历尽风霜的苍茫大地上，燃烧着 5000 年来传承不息的文明之火，她已汇集成一条灿烂的星河，散发着耀眼的光辉。她点燃了千千万万个中华儿女的奋斗之梦，照亮了中国人民的前进之路。泱泱中华，滚滚逝水，在历史的画卷前回首抑或瞻仰，更有千般华彩、万种风情，等待后人品味与鉴赏。

中华优秀传统文化源远流长、博大精深、包罗万象，她凝聚着中华民族的道德情感，蕴藏着深厚的文化积淀，闪耀着人文思想的理性光芒，无时无刻不在散发着令人难以拒绝的魅力。

孔子周游列国，教授弟子三千，铸就了文化的底蕴；孟子潜心著书，推行仁政，流传下思想的精髓。盛唐的明月、美酒酿造出了流传千古的锦句华章；宋代的笔墨书写着一朝盛世的婉约风骨。中华优秀传统文化犹如一杯香茗，透过历史的尘封散发出无尽的幽香；它犹如一缕清新的微风，透过亘古的光阴扑面而来。穿越历史的星空，沐浴文化的光辉，与伟大的灵魂相遇，接受文化的熏陶，感悟生命的真谛，强壮思想的筋骨，汲取生命的智慧，对于新时代的每一个中华儿女而言，仍然具有深远而特殊的教育意义。

以"文""化"人，方能内化为精神。中华优秀传统文化积淀着中华民族最深沉的精神追求，是中华民族生生不息、发展壮大的丰厚滋养；中华优秀传统文化是中华民族的突出优势，是我们最深厚的文化软实力；中国特色社会主义植根于中华优秀文化沃土、反映中国人民意愿、适应中国和时代发展进步的要求，有着深厚历史渊源和广泛现实基础。中华优秀传统文化是我们民族的根基，正所谓"君子务本，本立而道生"。加强中华优秀传统文化教育是当前各级各类学校教育改革和发展的重要方向，也是学校和教师的历史责任。

2014 年 3 月，教育部颁布《完善中华优秀传统文化教育指导纲要》（教社科〔2014〕3 号），明确提出中华优秀传统文化教育实施的基本原则和主要内容；2017 年 1 月，中共中央办公厅、国务院办公厅《关于实施中华优秀传统文化传承发展工程的意见》（中办发〔2017〕5 号）指出，要把中华优秀传统文化"贯穿国民教育始终"；2018 年 5 月，教育部下发了《关于开展中华优秀传统文化传承基地建设的通知》（教体艺函〔2018〕5 号）。习近平总书记也在党的二十大报告中指出："坚持和发展马克思主义，必须同中华优秀传统文化相结合。只有植根本国、本民族历史文化沃土，马克思主义真理之树才能根深叶茂。中华优秀传统文化源远流长、博大精深，是中华文明的智慧结晶，其中蕴含的天下为公、民为邦本、为政以德、革故鼎新、任人唯贤、天人合一、自强不息、厚德载物、讲信修睦、亲仁善邻等，是中国人民在长期生产生活中积累的宇宙观、天下观、社会观、道德观的重要体现，同科学社会主义价值观主张具有高度契合性。"

"国家之魂，文以化之，文以铸之。"文化是一个国家、一个民族的灵魂，是国家富强、民族振兴的重要支撑。习近平总书记强调："一个国家、一个民族的强盛，总是以文化兴盛为支撑的，中华民族伟大复兴需要以中华文化发展繁荣为条件。"伟大的梦想需要伟大的实践，伟大的实践需要伟大的精神力量。作为《中华优秀传统文化十六讲》的配套拓展性教材，《中华优秀传统文化实践活动设计与策划》的问世，也正是为弘扬中华优秀传统文化尽绵薄之力。

清代思想家、文学家龚自珍说："灭人之国，必先去其史。隳人之枋，败人之纲纪，必先去其史。绝人之材，湮塞人之教，必先去其史。夷人之祖宗，必先去其史。"中华民族欲永立于世界民族之林，其史不能"去"，其纲纪之源不能"去"，其教化之本不能"去"，只有一代一代传承下来，去其糟粕，扬其精华，才能根深叶茂，生生不息。我坚信，中华优秀传统文化必将成为照亮我们前行之路的一盏明灯！

于小秦

2023 年 9 月 18 日

潜心于教学，但不沉溺于课堂

《中华优秀传统文化实践活动设计与策划》一书是我院传统文化教学团队在继2022年9月出版的职业院校省级精品课配套教材《中华优秀传统文化十六讲》之后，趁热打铁出版的另一本集思政性、实践性与开拓性为一体的高职院校实践活动教材。本教材不仅对传统文化的理论教学具有补充与完善功能、对传统文化教学领域的教学观念与教学方法具有一定的引领与借鉴功能，更重要的是，它还对长期以来我国传统文化的教学模式具有延展与深化功能。本教材从前期动念、策划、组织与宣传，到中期举行各种策划动员会与选题会、制定活动设计模式与策划原则，再到后期反复统稿与平衡、多次修改与增删，直到4月初如期将初稿交付出版社，仅用了一个多月时间，效率之高，不仅让身边的很多老师惊叹，就连我们自己，也无不感叹身处的教师团队是多么自律与自强，多么富有激情与梦想。其实，外人所不知道的是，参与编写的老师，不管是来自本院各系室的，还是兄弟院校受邀而来的，都凝心聚力，最终奉献出的都是自己多年来的看家本领——相信各位读者只需要快速浏览一下教材目录，就知道这支队伍是多么富有朝气、才气和灵气；如果你再看看教材中每一位编者精心策划出来的内容新颖、形式多样的活动方案，你肯定会立刻认定，这支队伍里的每一位教师，都不是自甘平庸、循规蹈矩的"教书匠"，他（她）们更像是一个个胸怀家国梦、教育情，扎扎实实埋头耕耘在课堂之中的"歌者"和"舞者"。这些编者在有限的时间里都使出了浑身解数，献出了自己精心绘制的教学蓝图，他（她）们都在把自己的青春与梦想、信念与深情，书写在三尺讲台之上、挥洒在祖国的大地之上。

那么，我们为什么一定要策划和出版本教材呢？这主要是基于以下几个考虑与追求：

一、配合教法改革，呼应教育部"在传统文化理论教学中加强实践教学活动"的倡导

"传统文化进校园"工程浩大，在全国范围内，目前均表现为"还在路上"的探索状态。兰州职业技术学院在 5 年前就响应国家号召，面向全院新生开设了"中华优秀传统文化"公共必修课。为了让这门课既厚重又时尚、既古雅又鲜活、既丰富又简约，学院传统文化教学团队一开始就积极响应教育部倡导，借学院教学改革之机，对这门课程的教学方法进行了诸多探索，任课教师尽量淡化讲授法，大力推广对分法、自主合作探究法、案例法、游戏法、参观法、调研法、演讲法、辩论法、朗诵比赛法、情景表演法等教学方法。上述多数教学方法会受种种主客观条件限制，但对分法所受的条件限制较小，是很多教师都喜欢的一种教学方法。这种由复旦大学张学新教授首创的教学方法，强调两个核心要素：一是把课时分成两半，一半给教师用于讲授，另一半让学生进行讨论；二是在时间上把教师讲授和学生讨论错开，让学生有一个自主学习和个性化吸收的过程。对分法的出发点是调动学生的学习积极性，鼓励他们广泛参与，自由表达；对教师的要求则是必须把课堂的一半时间留给学生，让他们去掌控、去主导，继而形成师生"对分"课堂的格局。我们在传统文化课程的授课过程中，一方面借鉴该方法，把时间适当留给学生一部分；另一方面，我们也对该方法进行了形式和内容上的革新，比如在让出一半时间给学生的时候，不再要求学生只局限于课堂讨论，而是鼓励他们参与策划与设计各式各样喜闻乐见的传统文化活动方案，在教师讲授完一节理论课之后，不间断地安排一场又一场以学生为主角的课内或课外活动，以拓展与深化、强调与消化前面所学的理论知识。

二、打造精彩课堂，提炼与总结身边部分老师"堂堂有精彩""人人比创意"的成功教改案例，并加以广泛宣传与推广

把课堂一半的时间交给学生，实际上，这不是所有教师都能做到的事情，也不是所有教师都敢去做的事情。一旦处理不好，不仅浪费了课时，还可能对教学秩序造成不必要的干扰。

退一步说，即使教师们愿意去尝试一下，也无疑存在着很大的风险，原因有四个：第一，前无榜样；第二，教学活动策划有难度，面临诸多挑战；第三，部分教师目前还缺乏调动和组织学生积极参与各种活动的能力与热情；第四，大部分学生对实践活动课这种授课形式虽然喜欢，但不具备策划独特、新颖活动的能力，或者缺乏参与活动的自信与勇气。

即使在我们这个由十多个专兼职教师组成的传统文化教学团队里，也并非每一个人都能恰当处理好理论课教学与实践教学活动的比例与分量。

在这里，不得不表扬一下我们这个团队中那一群锐意进取的年轻教师。他们每年都会接受各种信息化手段教学培训、公共课及专业课教学改革培训等，有参加各种教学能

力大赛的机会，因而在教学理念以及课堂改革方面，这些年轻教师就相对而言走在了很多老教师的前面，并且对我们这门课的改革与探索做出了一定的贡献，比如王文静、王美龄、夏向军、朱慧玲、康思凝、李晓燕等老师，他们不仅在历年的传统文化教学能力大赛中屡屡夺冠，而且也能把自己的教学理想与教育感悟及时反映到课堂教学之中。王文静老师每年排课时都会对我说："白老师，把人数最多或者最不好管理的班级都给我！"王老师之所以有这样的自信，愿意迎难而上，首先是源于她的为人谦和、处处能设身处地为他人着想的美德；其次，是出于她对自己课堂、所有学生以及本课程的热爱；最后，是她对自己的教学方法、教学手段、教学能力的锤炼与笃信。任教多年，无论是在全院范围内做过的几十场"孝道文化""汉字文化""礼仪文化"讲座，还是她的每一学期、每一个班、每一堂课，一直都是学生最喜欢和最留恋的。她比一般老师更喜欢"变着戏法来上课"。看着王老师几乎每一次去上课都大包小包背着、抱着、提着一堆千奇百怪的道具或玩具（刀枪剑戟、茶具、扇子、甲骨文拓片、瓶瓶罐罐、投壶、毛蛋球、布老虎、九连环、土偶等）时，同行们总会感叹一声："王老师上课的热情真高，办法真多！"而她的学生们，也是永远不知道王老师的这一堂课又会给他们带来什么样的惊喜、下一堂课又会有什么样神奇的策划与创新。从"经典研读一条龙"到"主播说文化"，从课堂情景剧表演到校外博物馆、文化馆考察实践，从围绕学习内容创设的各种游戏活动到寒暑假要求学生实践孝道文化的种种安排，凡中央电视台热播过的文化节目，如"中国诗词大会""朗读者""典籍里的中国""国家宝藏""诗歌之王"等，都被她借鉴吸收并引入了课堂，学生们上她的课时总是热情高涨。最近几年，校园里开始流行穿着汉服，王老师自己也像个孩子一样，不但积极拥抱汉服热，还全力投入汉服文化的弘扬与推广队伍之中，遇到上中华礼仪课、孝道文化课或汉字文化课，她不仅会身着色彩淡雅、衣袂飘飘的汉服去上课，而且还会把自己"囤积"的各式各样的汉服及头饰送给班上的女孩子。我们看到的场景经常是：王老师和同学们打成一片的热闹非凡的表演或竞赛场面。

朱慧玲老师的教学也独具特色，国粹京剧、地方戏曲中的名段子张口就来，流行歌曲被她唱出了古风雅韵，二十四节气、诗词歌赋都被她编成了各种各样的手舞……她每天拍一个引人入胜的传统文化题材的短视频分享给学生，教室里会经常传出歌声、吟诵声、掌声和喝彩声，全班同学集体学跳舞、悟经典的场面也时时能看到……

当然，这些老师的课堂不能复制，但他们的很多尝试已经成为我们传统文化课教改的共识与努力方向。本教材的创意灵感，就来源于本人对这一批年轻人的赞赏与支持，对他们的教学实践经验的珍视与总结。作为老教师，我愿意为这些奋力前行的年轻教师摇旗呐喊，愿意为他们鸣锣开道。在此，期待他们的教改努力在今后能够结出越来越多的硕果！

三、推动教材改革，编写一本特色鲜明、人无我有，既简单易行又能自成体系的实践活动教材

从教多年，我们对编写教材始终怀有一种神圣感。何谓"教材编写"？我们的理解是，编写者的工作绝不仅仅是"编"——当然，我们会大量搜集、查阅、整理现有相关文献，会罗列各种材料以及案例，也会对同行的科研成果、教学思想、写作体例等进行借鉴与参考，更重要的是，编写者还需要去"写"，即立足于自己的教学实践与本地学情，凸显职业个性和教师才华，注重创新和发展，用自己的语言特色、教学理解、教师情怀，写出自己心仪、学生爱不释手、经得起时间检验的特色鲜明、人无我有的教材。

本教材就是基于这样的指导思想完成的。首先，本教材是传统文化教学领域具有独创性的一本活动策划书，其中有大量原创性内容。其次，本教材的活动策划具有严密的系统性。其内容涵盖面广，涉及 26 个领域，基本涵盖了传统文化课的教学内容；其形式丰富多样，26 个活动设计方案里没有任何一个活动形式是重复的，也就是说，本教材的活动形式总共有 26 个。无论是每周 2 课时，还是每周 4 课时，这些活动设计方案都可供教师们在其中任意选择、各取所需，以满足教学需要。最后，本教材中的活动设计方案都是按统一的策划书格式撰写的，结构简单，内容集中，活动形式多样，将可行性、趣味性、教育性、思政元素、实践性等有机地融为一体。

四、聚拢一批"明星"教师，自主创设交流与合作平台，联手打造教、科、研学术精品

基于跨专业、跨院系、跨地域联手编写教材的诸多优势，也本着合作共赢的原则，在确定活动内容的丰简、规划设计方案的数量多少以及斟酌拟出版教材的篇幅时，本人对参编人员的构成就有了如下想法：不能仅仅依靠有限的几个团队成员，而是要扩大合作范围，广泛吸收和邀请校内外一线思想品德端正、教学科研水平与专业能力突出的中青年教师参与编写，争取做到集众家之长，打造出一本风格多元、地域色彩浓郁、人无我有的精品教材。

本教材的策划者由四个梯队人员构成：第一梯队，以本人所在传统文化教研室教学团队的专兼职教师为核心，即以白彩霞、汤永霞、朱慧玲、王文静、王美龄、苏文力、赵继东、张茂武为主，先搭好基本队伍框架；第二梯队，遵循由近到远原则，先邀请我们传统文化教研室所在部门基础教学部里其他教研室有传统文化教学与活动专长的几位优秀教师，如演讲与口才教研室的李晓燕老师、大学语文教研室的刘颖老师和侯桂秀老师；第三梯队，将目光投射到全院其他院系有传统文化资源及优势的教师身上，比如汽车工程与交通运输学院的宋玲霞、赵洁两位老师，现代服务学院的郭嘉老师，非物质文化遗

产学院的马荣、石晶两位老师，初等教育学院的康思凝、姚继琴、杜亚洺三位老师；第四梯队，由省内、省外开设有传统文化课程的几个兄弟院校的优秀教师组成，比如甘肃农业职业技术学院的任向红老师（教授）、甘肃武警职业学院的刘稳妮老师（副教授）、兰州市第六十一中学的赵贵延老师（一级）、兰州市第四中学的朱明花老师（一级）、湖南铁路科技职业技术学院的夏向军老师（讲师）、甘肃林业职业技术学院的杨伟奇老师（讲师）等，这些老师都为本教材的编写起到了查漏补缺、增光添彩的作用。

五、扶越来越多的学生登上"三教"改革大舞台，助他们成为高职院校"教法、教材、教师"创新中最光彩夺目的主角与干将

本教材在编写过程中，我们做了以下工作：首先，是向正在学习"中华传统文化导论"课程的一年级各班广泛宣传，希望有活动设计专长的学生踊跃参与本教材的编写工作。其次，特别邀请我院薛衣汉风国学社上百名学生参与，给他们布置了专门的编写与拍摄任务。经过近一学期的忙碌，在多位指导老师的倾力协助下，同学们圆满完成了编写、彩排、拍摄与制作等任务。再次，向各班传统文化任课教师征集他（她）们在课堂活动中的珍贵图片或精美短视频。最后，鼓励任课教师中有编创与设计能力、其教学班级中有爱好表演与传媒制作专长的年轻教师即时排练并拍摄正在编写的新教材中的插图与视频。在此，我们要特别感谢诸多同学及老师（见教材末的"特别致谢"）。

"一人智短，众人计长。""众人拾柴火焰高。""一枝独秀不是春，百花齐放春满园。"我们坚信：有如此多兄弟院校支持、有如此多身边各系室老师的倾力奉献、有如此多朝气蓬勃的同学们在其中争奇斗艳，本教材必将不负众望，在高职院校传统文化的"创造性转化创新性发展"中脱颖而出！

白彩霞

2023 年 9 月 18 日

目录

活动 1 ｜ 与经典同行，鉴圣贤智慧

——整学期"经典研读一条龙"活动设计方案

活动主题

本活动依托"中华传统文化导论"这门公共必修课，主要定格于国学经典中最富有代表性的儒、道两家的作品，以《论语》《道德经》《孟子》《南华经》《三字经》《弟子规》等作为重点研读对象。鉴于上述经典虽脍炙人口但当代学生却在学习它们时浅尝辄止、望而却步的现状，本活动的策划就致力于在学习优秀传统文化的同时，打造一条完整而系统的学习、研读与传承国学经典的模式，即在任课教师的引导下，利用课外以及课前几分钟时间，让学生投入一场时间持久、节奏紧凑、规模宏大的诵读式、探究式、体验式、表演式及竞赛式学习，把抄经典、读经典、诵经典、讲经典、唱经典、演经典、赛经典打造成环环相扣的"经典研读一条龙"（见图 1-1）活动，并使其成为奔向先贤深邃玄妙世界、联通子孙万代血脉与精神之通途。

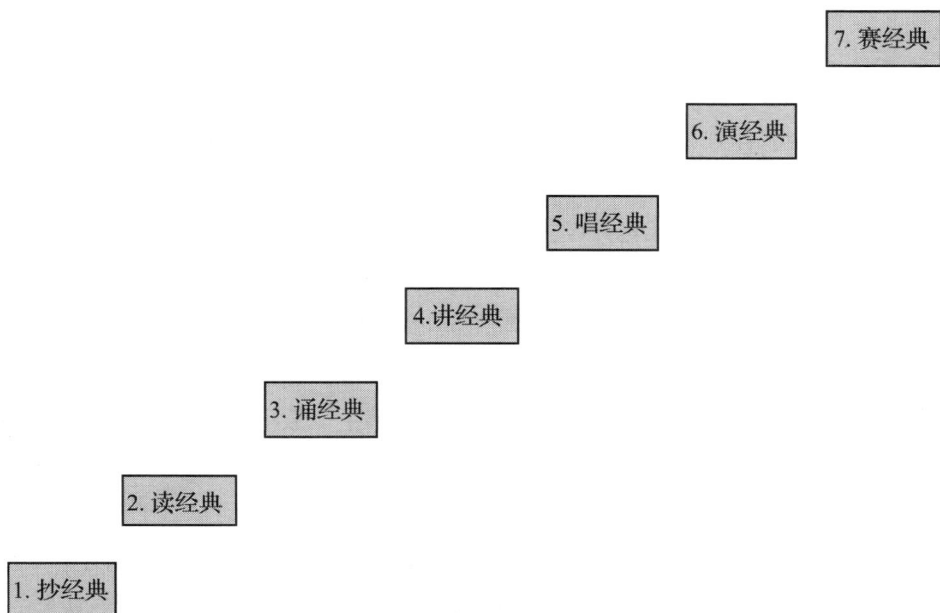

7. 赛经典

6. 演经典

5. 唱经典

4. 讲经典

3. 诵经典

2. 读经典

1. 抄经典

图 1-1 "经典研读一条龙"活动设计

活动目标

知识目标

利用课余时间，争取每学期研读一部国学经典里的代表作，先做到读熟，深刻认识儒家、道家思想对中国社会的影响。

技能目标

能在老师的引导下开展经典课外自学活动；能给周围的人宣讲国学经典里的名句和主要思想；走出传统文化与国学经典"两张皮"的误区。

素养目标

弘扬中华优秀传统文化不可忽略对国学经典的研读，通过一学期的抄经典、读经典、诵经典、讲经典、唱经典、演经典、赛经典等活动，希望同学们能看到国学经典里所承载的中华优秀传统文化精髓，并为能内化与承继这些圣人的智慧而自豪。

活动对象

全院开设传统文化公共必修课（或素选课、专业课）的任课教师、任课班级学生、学院团委及相关社团等。

活动形式

课内、课外小组合作，集体探究，比赛活动。

活动时间

本活动可根据该课程在每个学校的定位灵活安排，主要分以下三种情况。

1. 公共必修课

目前国内高校中将传统文化开设为公共必修课的学校不多，但有一些学校已经在开展实验。这些学校一般是给一年级新生开设一学期的传统文化课程，如此，就可以安排本活动，整学期进行系统实施与训练。本活动时间可安排在课外、课前、课后、学期末。

2. 素选课

受选修课性质的限制，参与传统文化素选课的学生一般没有公共必修课人数多，但本活动方案同样适用，可集中在课外、课前与学期末进行。

3. 专业课

有些学校的传统文化课是专业课性质，比如有历史系、国学院、文学院等二级院校的本科院校，本活动方案的实施时间就可以根据课时多少，以对分法的形式进行，为期一学期或一年，可酌情变通安排。

活动地点

视活动范围不同而分别在以下地点举办：

（1）本班教室。

（2）学校的报告厅或演艺厅。

（3）校外合作单位或省市各级举办的经典诵读展演或比赛舞台。

活动准备

（1）根据所读经典内容的不同，分2人组、5人组，或以班为单位组建比赛队伍。

（2）购买经典书籍3～5本，《论语》《道德经》《三字经》《弟子规》必备。

（3）准备耐用耐磨的抄经典笔记本1～2本。

（4）要求每周至少通读一本或一章内容。

活动流程

本活动分为以下七个环节，依次或交错进行。在具体实施过程中，不同地域、不同年级、不同专业、不同班级可酌情增删或完善某些环节。

流程1：抄经典

开学第一周即在实验的任课班级布置此任务，并向学生说明具体要求。

（1）布置抄写任务。

具体安排时可要求如下：

第一，视专业不同，所研读的经典是不同的。在《论语》《道德经》《三字经》《弟子规》中，要求学生任选一部来完成。比如在职业院校理科类专业的系里（如机电工程系、信息管理系、汽车系、生物工程系等），要求学生集中抄写完《道德经》全文；在文科类的系里（如现代服务系、非遗学院、传媒系、马克思主义学院等），以《论语》为主。像初等教育学院、护理学院等偏向于幼儿、老人以及服务行业的系里，则大力推广《三字经》《弟子规》《孝经》等。

第二，开学第一课结束后就布置抄经典任务。以班为单位，开学第二周即检查学生的抄写情况，并将其计入平时大成绩1次。

第三，要求学生必须为此专门准备一个笔记本，不能随便应付。

（2）讲明抄写要求。

第一，必须手抄，不准打印。

第二，抄写的笔记本须精美、耐用。

第三，抄写的章、节、行之间尽量保持一定的空白。

第四，需要注音的字和需要注释的词、句子在抄写时必须注音、加注释。

（3）潜移默化培养学生的多项能力。

第一，排除手机、游戏等干扰而认真去书写汉字的能力。

第二，离开喧嚣环境，凝神静气感受国学经典魅力的能力。

第三，培养学生独立学习的能力及探究能力。

流程2：读经典

（1）读法多样。

读经典时可采用齐读、领读、分组读、接龙读、多变节奏读、表演式读等多种方式。

（2）读经典要求。

监督学生本学期做到人手一册，课外读、早晚背；在每天的课前几分钟时间安排该环节训练与检查，随时关注学生在读经典过程中的收获或困惑；遇到不得不线上进行授课的情况时，则以小组提前录制的短视频或现场直播为主来进行（见图1-2）。

图1-2　线上课期间学生以短视频形式呈现的读经典场面

流程3：诵经典

师生齐诵《弟子规》

学生齐诵《论语》

（1）内容固定。

一学期以全班为单位只攻读一部经典，谨防贪多。根据专业的不同，可选用《论语》《道德经》《三字经》《弟子规》等经典中的一部。

（2）形式多样。

诵经典时可采用1人独诵、2人合作、多人合作、集体朗诵等多种形式。

（3）诵经典要求。

吐字清晰；声音洪亮；表情自然；感情丰富；双眼要面朝大家；

有演讲或表演天赋的，效果更佳。

流程 4：讲经典

（1）串讲字面意思，了解基本内容。

（2）挖掘所分享经典章节的传统底蕴与现代内涵。

（3）借助中外历史上的众多史料（历史故事、名言名句、学者专家的解读及评论）增加经典的可读性与趣味性。

（4）重点分享个人读经典的感受、感触和感悟。

最终通过讲经典达到让学生扩大视野、提高认识，并摸索到经典解读的多种方法，进而活学活用。

朱慧玲老师讲《论语》　　　　　《百家姓》学习：学生说周姓

流程 5：唱经典

（1）借助汉语的四声优势，像古人那样唱出经典。

古代的诗词吟唱几乎是一种风尚，这得益于汉语的"阴、阳、上、去"这四个声调。四声使汉语具有了与生俱来的音乐性，相较于现代汉语来说，古汉语的声调更为丰富多样，方言口音的不同也会带来独特的变化。这些高低起伏的声调依照语义排列，好似五线谱上跳动的音符一般。诵读时再根据情感表达的需要进行简单修饰，如延长、停顿、上扬、加花等，一段专属于这段文字的半读半唱的吟诵旋律就会自然而然地流淌起来。这种吟唱节奏自由，调式多变，个人色彩非常强烈，甚至同一首诗歌每吟诵一次效果都不一定相同。

（2）把经典改编成流行歌曲唱出来。

中央电视台的《经典咏流传》节目，就是将古典诗词改编成一首首流行歌曲，在舞台上进行全新演绎，其中说唱版《三字经》、摇滚版《将进酒》、民谣版《天净沙》、英文版《登鹳雀楼》为典型代表。借用此方法，鼓励学生"古词新唱"，将国学经典与现代旋律、流行歌曲相融合，加强学习效果。

流程 6：演经典

（1）创编情景剧，进行角色扮演。

（2）围绕国学经典里与现代思想冲突的现象与观点，组织辩论或演讲比赛。

（3）将歌曲、舞蹈、武术与国学经典糅合到一起表演（见图 1-3）。

图 1-3　学生演经典

流程 7：赛经典

（1）以知识竞赛的形式，使学生积极参与国学经典的学习。

《千字文》手势舞

（2）以辩论形式，促使学生深入探究国学经典的当代社会价值与意义。

（3）以征文形式，开展"学经典，悟文化"写作活动。

（4）以汇演形式，让国学经典中的精彩片段在唱念做打、琴棋书画中苏醒与复活。

（5）以讲座形式，让学生深切感受国学经典的智慧与魅力。

（6）举办以历史人物和题材为背景的游戏竞赛活动。

（7）开展以国学经典内容为主题的短视频制作比赛。

活动总结

1. 大型活动

请参与的领导讲话，现场即兴评价；请参与的班级代表在活动后提交总结；请主持该活动的教师及相关社团从不同角度撰写新闻报道。

2. 小型活动

学生代表点评，主持课堂的老师总结评价。

活动拓展

用一学期的时间，力图培养好学生读经典的习惯与悟经典的能力，期望在第二学年、第三学年乃至于其毕业后，当老师不再陪伴他们的时候，学生们都能保持每天不定期抄经典、读经典的热情，并在生活和工作中不断地去给身边的人讲经典、传经典，弘扬古圣先贤的精神，运用经典里的智慧解决生活中的烦恼，走出人生困境，真正让经典照亮我们的前途，陪伴更多的人走向更远更广阔的世界。

活动亮点

1. 带领学生走出传统文化与国学经典"两张皮"的误区

国学经典是中华优秀传统文化的灵魂与核心内容，其中蕴含着众多古圣先贤的生命哲学与人伦智慧。今天，当我们提出要振兴传统文化、弘扬祖先智慧的口号时，就不能对古圣先贤们穷其一生、传之后世的经典著作视若无睹、望而生畏、弃若敝屣。在传统文化课堂之外进行国学经典研读内容的渗透与训练，就是要尝试解决传统文化与国学经典"两张皮"的问题。

2. 探索让国学与传统文化同频共振的方式与方法

本活动将为填补传统文化课内教学的巨大空白奠定基础。目前国内开设传统文化课程的大中专院校中，所使用教材的名称五花八门，如《国学精粹》《国学导论》《国学修养》《中国传统文化精义》《中国传统文化》《中国传统思想与文化》，等等。在振兴中华优秀传统文化的道路上，上述教材虽然都承担了一部分传承优秀传统文化的任务，但没有兼顾国学与传统文化，表现为顾此失彼或厚此薄彼。建议开设"中华传统文化"等通识课的学校能将国学经典的诵读内容也纳入教学规划之中，以收到点面结合、纵横交错、形神兼备的效果。

3. 弥补理论教学弊端，丰富传统文化课内教学手段

本活动打破了我国传统文化课程以往以讲授或专题讲座为主要授课方法的局限，增加了适量的教学活动、社会实践活动。这些活动的设计过程，一方面可以提升任课教师整合与拓展传统文化教学内容的能力，另一方面可以充分调动学生的学习积极性，让他们行动起来，积极参与到传统文化实践活动中去，这些实践活动，可以在课堂内进行，也可以在课堂外（比如平行班之间、学校内各社团、兄弟院校、传统文化实训基地等）开展，以广泛培养和训练学生对传统文化的热爱之情、传承之法。

4. 摸索一条让传统文化走向更大舞台、更远世界的道路

弘扬中华优秀传统文化不能仅靠课堂里一周 2 小时的有限学习，也不能仅仅只希望学生通过读完某本教科书就能完成学习任务。在有条件开设传统文化素选课或公共必修课的学校里，宜采取双线或多线并行的方式，打破课内课外时间界限，让经典伴学生同行，从教室走向校园，从校园走向社会，让学生在学习、体悟圣贤智慧的过程中，不断丰富他们的文化底蕴，逐步建立起文化自信，同时解决他们在生活以及学习过程中遇到的心理问题，摆脱精神困境。

注意事项：

（1）本活动是系列活动，是从宏观层面上对一门课程进行的平行学习与整体落实的活动策划。本活动策划针对的是整学期乃至整学年，面向全校所有开设传统文化课程的班级，属于课内链接课外的拓展性学习方案。

（2）经典研读的七个环节设计中，各班可自行选择适合班级具体情况的模式。抄经典、读经典、诵经典、讲经典是基础，是共性化设计，建议研读经典作品的班级都遵循执行。在此过程中，让学生确实读通、读懂经典；唱经典、演经典、赛经典是个性化设计，是对基础研读的进一步拓展、提升与整合，对教师的才艺有一定的要求，有条件的班级可酌情进行，没有条件的班级可灵活变通处理。

（3）经典很多，学时有限，故不可贪多。研读经典的班级及任课老师要以一部经典为突破口，先一段一段（切香肠手段）消化，继而完成整部经典的学习。比如《道德经》有81章，如果一学期每个小组轮流完成2章的讲读任务，那么很多人终其一生都不敢或不愿阅读的这部经典就会被同学们一气呵成拿下了。《论语》全书共20篇492章，以语录体为主，叙事体为辅，章节逻辑不如《道德经》严谨和易记，但也可以应用此法研读与掌握。

（策划人：兰州职业技术学院基础教学部　白彩霞）

| 活动 2 | # 行中华古礼，展民族风采 |
| | ——"中华礼仪沉浸式体验"活动设计方案 |

🌀 活动主题

　　本活动旨在汲取传统礼仪中合理的、有益的因素，并且与时俱进地赋予其时代内涵，希望从传统礼仪入手，加强对职业院校学生的人文素养教育。在活动中，通过学生自编自排自导自演的情景剧《过庭之训》《曾子避席》《三顾茅庐》，让学生真正走进和领悟中华传统礼仪和古圣先贤思想的博大精深，身临其境地感受"诗礼传家"的家学风范和优良传统。在"行中华古礼，展民族风采"沉浸式体验活动中，学生穿着典雅飘逸的汉服展示中华古礼，引导学生切身感受中华优秀传统文化的独特魅力，在弘扬中华礼仪文化的同时，坚定文化自信。

🌀 活动目标

知识目标

　　了解中华礼仪的内涵与精神；了解传统日常礼仪的行为规范及文化内涵；了解《礼记》中关于传统礼仪的相关知识点。

技能目标

　　提高学生的礼仪修养，引导学生将中华礼仪的思想内涵转化为修身实践，知行合一，做一个知礼、守礼、尊礼、行礼的中国人。

素养目标

　　通过了解、学习传统日常礼仪中关于举止礼仪、社交礼仪的行为规范及文化内涵，理解、增强对中国"礼仪之邦"美誉的高度认同感和民族自豪感。

🌀 活动对象

　　大一学生。

活动形式

通过小组自行排演的情景剧、歌舞等展示中华古礼。

活动时间

小组利用课余时间录制。

活动时长

1 节课（45 分钟）。

活动准备

本课程已在学银在线平台开通了网络课程，平台上有丰富的教学视频、音频及强大的教学资源库，为学生自主学习和交流提供了便利。学生可进入"中华传统文化导论"网络课程平台（见图 2-1）浏览课程内容，通过教师推荐的相关课程资源学习中华礼仪。

图 2-1　"中华传统文化导论"网络课程平台

（1）学习中国大学 MOOC"带你体验中华文化"（山东大学马晓乐）。

重点学习内容：02 仪式的威严与亲情。

观看网址：中国大学 MOOC 网站。

（2）学习"中华基本礼仪"之"中华传统礼仪你知道多少"。

视频由清华大学中国礼学研究中心拍摄制作，视频分为坐立行走、容貌言谈、衣冠服饰、盥洗洒扫、做客之礼、待客之礼、用餐之礼、公共礼仪八个篇章，将中华传统礼仪与当下日常生活结合，学生通过视频可以直观地学习中华基本礼仪。

观看网址：哔哩哔哩网站。

（3）学习"中华基本礼仪"之"你知道中国有哪些基本礼仪吗？"

观看网址：哔哩哔哩网站。

（4）学习超星学习通"中华传统文化导论"第三讲"礼仪之邦话礼仪：礼仪文化的学习"（课程截图见图2－2）。观看网址：学银在线网站（https://www.xueyinonline.com/detail/233163735）。

图2－2 "中华传统文化导论"课程截图

活动流程

步骤1：确定主题。

步骤2：搜寻资料。

步骤3：拟订方案。

步骤4：精心彩排。

步骤5：活动展示。

步骤6：反思总结。

分活动1："行中华古礼，展民族风采"之情景剧

（1）引用《论语·季氏》中的典故"过庭之训"（见图2－3）。

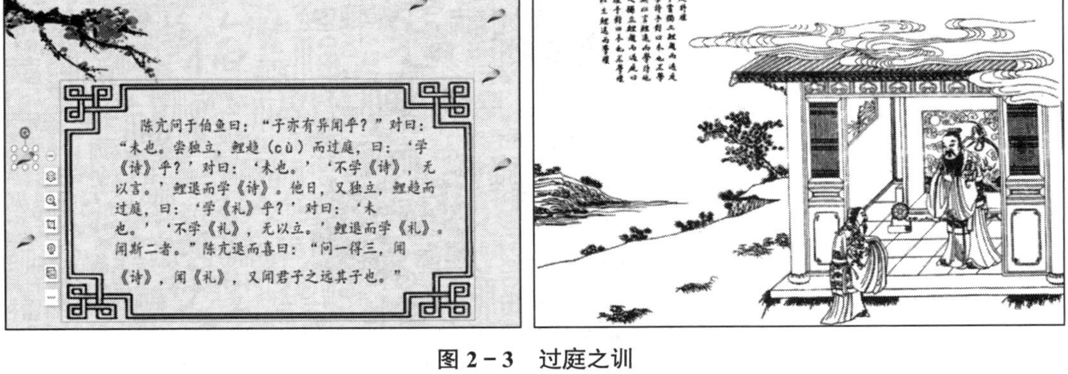

图2－3 过庭之训

| 注 解 |

"过庭之训"这个成语特指父亲的谆谆教诲，用"鲤对"表示子女接受父亲的教导。古人讲究"行之有礼，走之有礼"，鲤在庭院中见到孔子所行之礼就是趋礼。行走之礼用得比较多的是"趋礼"。"趋礼"是古代礼仪中非常重要的礼节，即地位低的人在地位高的人面前走过时一定要低头弯腰，以小步快走的方式对尊者表示礼敬，通常臣子对君主、学生对老师、晚辈对长辈时会用到。古人对趋礼非常看重。

由于孔子的提倡，历代文人学士都将"诗"和"礼"作为立身、传家之宝，人们常常用"诗礼传家"来彰显自家的门风。

| 剧 照 |

《过庭之训》情景剧

《过庭之训》剧照

（2）引用《孝经》中的典故"曾子避席"（见图2-4）。

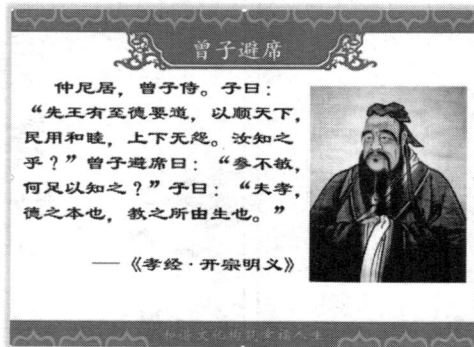

图2-4 曾子避席

注 解

"避席"亦作"辟席"。古时人们习惯于席地而坐（宋代以后人们才普遍使用椅子），为了表示对对方的尊重和自己的谦逊，都要离开坐席而伏于地，这种做法称"避席"。

曾子是孔子的弟子，有一次他在孔子身边侍坐，孔子就问他："以前的圣贤君王有至高无上的德行，精要奥妙的理论，用来教导天下之人，人们就能和睦相处，君王和臣下之间也没有不满，你知道是为什么吗？"曾子听了，明白老师是要指点他最深刻的道理，于是立刻从坐着的席子上站起来，走到席子外面，恭恭敬敬地说道："我不够聪明，哪里能知道，还请老师把这些道理教给我。"孔子说："孝是各种道德修养的根本，教化就是从孝道开始的。"

在这里，"避席"是一种非常礼貌的行为，当曾子听说老师要教导他时，便站起来走到席子外面向老师请教，以表示他对老师的尊重。曾子彬彬有礼的故事被后人传诵，许多人向他学习。

孔子弟子三千，七十二贤人，孔子专门挑选了愚钝的曾子传授《孝经》，正是看中了曾子对老师的尊重敬爱之情。曾子避席的动作虽小，传达的道理却很深刻，不仅表明了他践行礼仪的道德修养，也向世界传递了尊师重道的精髓，成为世人学习的榜样！

剧 照

《曾子避席》情景剧

《曾子避席》剧照

（3）引用典故"三顾茅庐"。

| 注 解 |

典故"三顾茅庐"记叙了刘备三次到隆中茅庐，诚心诚意请诸葛亮辅佐他完成统一国家大业的故事。刘备谦虚的态度、诚恳的情意，使诸葛亮很受感动。于是诸葛亮答应了刘备的请求，怀着统一天下的政治抱负，离开了隆中茅庐，出任刘备的军师。他忠心耿耿地辅佐刘备，为"三国鼎立"局面的确立做出了巨大贡献。该典故赞扬了刘备以礼相待、求贤若渴、礼贤下士的精神。

| 剧 照 |

《三顾茅庐》情景剧

《三顾茅庐》剧照

分活动2："行中华古礼，展民族风采"之举止礼仪

（1）坐容——坐姿入席，敬为上。

《礼记·曲礼》曰："若夫坐如尸，立如齐。"尸，指坐在神位上的孩子。古人如果坐，要像祭祀中装扮的受祭人那样坐得端正，站就要像祭祀前斋戒时那样站得恭敬。礼仪场合坐姿的基本要求是保持上身的正直。儒家讲究人的身体"正"和内心的"中"，认为这是君子内外一致的表现。图2-5所示的《讲经图》砖画就展示了古人的坐姿。

古人在正式场合一律采用正坐姿势。正坐

图2-5 《讲经图》砖画

又称平坐、经坐、安坐或正襟危坐。《荀子·修身》云："礼者，所以正身也。"可以说，正坐是我国古代最端正、最恭敬、最符合礼仪的一种雅坐，也是"正人君子"的坐姿，是古代帝王、卿大夫、士人们平时饮食、社交的标准坐姿。

汉代大儒贾谊的《新书·容经》里，就有对正坐的详细叙述："坐以经立之容，胻不差而足不跌。"尚秉和在《历代社会风俗事物考》中提到："古之坐自膝以下向后屈，而以尻坐于足上。"大意是说，正坐时，双膝跪地，且双腿平置向后，脚背着地。两腿不能伸得一长一短，更不能交叉。臀部需要轻落在脚后跟上，同时重心微微向上提起。整个姿态，两肩要端平，后背挺直，双手规矩放于膝上，神情庄重，目视前方。贾谊对正坐姿势讲解得十分清楚，所以《新书·容经》在当时也成为王公贵族学习优雅仪态的最佳实训教材。

男子正坐手位图如图 2-6 所示；女子正坐手位图如图 2-7 所示。

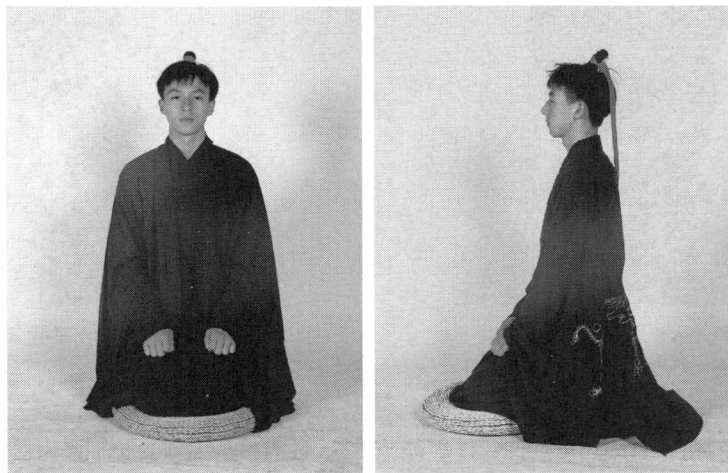

图 2-6　男子正坐手位图

图 2-7　女子正坐手位图

（2）立容——立必方正，立容德。

贾谊在《新书·容经》里对立容的形体之美作了整体描述："固颐正视，平肩正背，臂如抱鼓。足间二寸，端面摄缨。端股整足，体不摇肘曰经立，因以微磬曰共立，因以磬折（qìng shé，弯腰，表示谦恭）曰肃立，因以垂佩曰卑立。"由此可以看出，传统立容的要点是：站立时身体要端正，且保持中立。后背挺直，两肩平展。同时，脖子要直立，下巴微收，目视前方。双手要相合，且臂如抱鼓，两足重心放平。表情要庄重，帽缨要整齐。男子立容如图2-8所示；女子立容如图2-9所示。

图2-8　男子立容 　　　　　　　　图2-9　女子立容

古人经立时正身、平视，两手相合，掩在袖子里，手从胸口到下腹。常见夫子行叉手礼的圣像，但这个动作应当是配合弯腰来表达敬意的，腰应当弯曲大概30°。

古人认为，一个人的立容是一个人整体精神气质的重要外在体现，站得端正方可显出恭敬之心。

分活动3："行中华古礼，展民族风采"之社交礼仪

（1）展示传统社交礼仪。

传统社交礼仪主要包括长揖礼、天揖礼、时揖礼、土揖礼、拱手礼、士相见礼、下手礼、抱拳礼、叉手礼、万福礼等。

1）长揖礼。

文化解读：长揖又称"帝揖"，是一种很特别的礼，是揖礼中最为敬重的一种。一般面对尊长、位高者行揖礼，或者不方便行跪拜礼时，古人便用长揖来代替，属于站立致敬中最为恭敬的一种。

动作要求：行长揖礼时，行礼者拱手高举过头，并做一个自上而下的大幅度动作，

以加深敬重程度。同时，屈身低手，手过膝。稍作停留，手随身起，正身后恢复立容。

2）天揖礼。

文化解读：天揖礼为正式礼仪场合（比如祭祀、冠礼、婚礼等）对尊长所行之礼。

动作要求：拱手于胸前，男子左手覆于右手上，右手心朝内（女子反之），然后推手至额，自上而下屈身低首，手至膝稍作停留，起身，正身后恢复立容。

3）时揖礼。

文化解读：时揖礼为正式场合见平辈所行之礼，也用于君对臣的行礼。

动作要求：拱手从胸前往外平推即可，身体微倾，保持几秒钟后再起身，同时袖手，正身后恢复立容。

4）土揖礼。

文化解读：土揖礼多用于上对下、长对幼的回礼。

动作要求：行礼时，行礼者拱手俯身约30°，推手稍向下，然后缓缓起身，同时袖手，正身后恢复立容。

5）拱手礼。

文化解读：拱手礼起源较早，又称捧手礼，可追溯到商代，是古人站立时或行走过程中向他人拱手致意的一种行礼方式。在古代，拱手礼主要用于春节拜年、婚礼、生日、庆功、亲朋好友之间的恭喜祝贺。在今天的社交场合，拱手礼仍属于常用礼。

动作要求：行拱手礼时，行礼者俯身，一手虚握，另一只手覆盖其上，与胸齐平，然后两手自上而下，或由内向外拱手致敬。拱手行礼时，男子左手在外，以左示人，女子则反之，是一种敬意和尊重的表达。礼毕，手放下，正身直立。

6）士相见礼。

文化解读：士相见礼是相识之人见面时所行的平辈之礼。士与同为士的前辈相见，要以"雉"为礼。雉是古代士人精神的象征。

动作要求：士相见礼需行礼者正身直立，双手齐胸，向前平推两三寸后收回于胸前，恢复直立。

7）下手礼。

文化解读：下手礼主要用于长辈或上司的回礼。

动作要求：行下手礼时，行礼者正身直立平视对方，双手相叠举于胸前，男子左手在上，女子反之。微俯身，双手微微向下，礼毕起身，正身直立。

8）抱拳礼。

文化解读：抱拳礼在古代常用于习武之人，最早源于军队。左手为善，右手为恶，左手盖右手，寓意扬善隐恶。

动作要求：行抱拳礼时，行礼者正身直立，目光有神，双手置于胸前，左手四指并拢，伸直成掌，拇指屈拢，右手成拳，左掌心贴右拳面，向前平推出一寸，礼毕收手，正身直立。

抱拳礼姿态如图 2 - 10 所示。

图 2 - 10　抱拳礼姿态

9）叉手礼。

文化解读：叉手礼是古时打招呼的一种常用礼，唐宋时期盛行一时。叉手礼大多用于下对上、幼对长的日常礼节。行礼时，根据受礼者的身份不同，姿势会稍有变化。

动作要求：行叉手礼须行礼者正身直立，双手齐胸，同时左手紧握右手拇指，右手小指指向左手腕部，上身微屈。礼毕，起身直立。但手需等待对方回礼后才完全放下。

10）万福礼。

文化解读：这是一种古代妇女常用的拜礼。古代妇女一直用肃拜作为常礼，到了唐代武则天时期，妇女的行礼有了变化，一律立而不跪。有时妇女边行礼，还会附上一句"万福"。

动作要求：行万福礼时，行礼者正身肃立，右脚后撤，同时双手握拳，右手压左手交叠于小腹处。低头躬身屈膝，双目下视。礼毕起身保持肃立。

"行中华古礼，展民族风采"
小组活动展示一

"行中华古礼，展民族风采"
小组活动展示二

（2）演绎古风歌曲《礼仪之邦》，致敬中华优秀传统文化。

学生通过扇子舞、手势舞、古典舞等多元素舞蹈形式演绎大气磅礴的《礼仪之邦》歌曲，感受中华礼仪的无穷魅力，充分展示当代大学生有责任、敢担当、能奉献的精神风貌。

| 剧 照 |

演绎古风歌曲
《礼仪之邦》

《礼仪之邦》剧照

活动总结

"行中华古礼，展民族风采"活动根据高职院校教学要求以及高职学生的学习特点，以传统礼学精神为核心，结合新时代要求，选择中华传统礼仪中最重要和最有现实意义的内容，包括中华礼仪之邦的形成、特色、学理、经典，举止礼仪和社交礼仪的人文内涵，当今社会人际交往（如会客、宴饮、尊师、敬老等）中如何体现中华礼仪特色等，以生动活泼的实践活动，使学生深入了解传统礼学精神、坚定文化自信，并在实践的过程中掌握"克己复礼"的修身方法，学会规范自身行为，提升个人素养，实现知行合一。

希望通过本活动，给同学们提供感知、认知中华优秀传统文化的平台，感受自身民族文化的温度，理解中华礼仪的精神内涵，对于生于斯、长于斯的文化有所感悟和思考。

活动拓展

1. 请准备好"行为训练"笔记本，用于记录课堂学习和平时行为训练的内容。

2. 写一份"文明礼仪伴我行"倡议书，号召大家讲文明、懂礼仪，并以身作则，带动身边的人改掉不文明的行为习惯。

活动亮点

1. 打造智慧型"文化教室"，构建温度型课堂

将实践场所从教室延展到了非遗小院、仁寿山、亭台楼宇等充满诗情画意的"户外教室"。唤起学生心灵深处对美的追求，对生活的热爱，与山水共情，与明月为伴，与知音对饮。

2. 打造"体验式"课堂，增强"沉浸式"体验

采用沉浸体验的方式展开教学，学生或动手参与，或小组合作，或自编自演，从而营造出真实的学习情境。在此情境下，同学们身着典雅飘逸的汉服，传承中华礼仪，感受千年古韵之美，尽显"中华礼仪之邦"的无穷魅力。体验，是本活动的最大特色！

3. 创设探究的学习情境，让学生对课堂充满期待

精心创设学习情境，引导学生在活动中释放潜能，由被动灌输转化为主动探索，从可观、可感、可知、可参与、可想象、充满挑战和趣味的课堂上不断获得"意外"的收获。

"行中华古礼，展民族风采"活动课堂实录如图 2-11 所示。

图 2-11　课堂实录

注意事项

　　以上三个分活动，三个小组分别承担一个分活动进行展示。通过对中华礼仪的实践体验，加深学生对传统文化的理解和认同。通过模块任务的设置，激发学生的积极性，使学生主动参与课程学习、思考、总结与提升的过程。活动后每位学生应填写《实践学习日志》（见表 2-1），并在超星学习通互动交流区完成活动反思和总结。

表 2-1　实践学习日志

项目	中华礼仪实践		
时间		地点	
（说明：内容应包括实践学习内容和心得体会等）			

（策划人：兰州职业技术学院基础教学部　王文静）

跨时空对话，悟哲学精义
——"沉浸式课堂文化剧演绎"活动设计方案

活动主题

将古代哲学家的故事写成简短的课堂文化剧，并将其重要的哲学思想融进人物对话中，由教师指导学生排练、表演，让学生真正代入角色之中学习知识——这就是用教育戏剧的形式所开展的学科教育。它集趣味性、知识性、艺术性于一体，深受师生喜爱。在本次活动中，教师以孔子与老子、韩非与李斯的故事，以及儒家、道家、法家的思想为基础，创编了课堂文化剧《孔子问道》和《韩非之死》，让学生在排练和表演的过程中，进一步加深对人物及其思想的认识。

活动目标

知识目标

通过戏剧活动，进一步掌握先秦诸子哲学思想。

技能目标

引导学生代入角色、感受角色，学会用辩证的眼光看待历史，提高学生分析问题和解决问题的能力；引导学生结合适当的肢体语言，准确表现所扮演角色。

素养目标

激发学生对沉浸式课堂文化剧活动形式的兴趣；用参与戏剧表演的方式"讲"传统故事，品味中国人的哲学精神；在分组练习、表演的过程中，进行沟通能力、团队合作表达能力等多维度教育，进一步培养学生的综合素质。

活动对象

高职院校学生。

活动形式

教育戏剧。

活动时间

理论部分学习完成之后，整节课时长建议不超过 90 分钟。

活动准备

1. 物质准备

先秦服饰、先秦哲学知识问答卡片、按人数打印好的剧本、PPT、音乐。

2. 经验准备

熟记剧本台词，通过网络资源学习剧中人物应有的坐姿与行礼方式，初步了解舞台调度和角色走位。

3. 环境准备

室内、户外均可。

活动流程

流程 1：前情回顾

（1）打卡签到：哲学知识小问答。

（2）教师站在教室门口，学生逐次进入向教师行礼，教师还礼。

（3）教师按照事先上传到学习通资料中的"知识问答卡片"（见图 3-1）内容，与学生对话。

> **小贴士**
>
> （1）该环节建议用时 10 分钟，评估学生的课前预习情况。
> （2）可借助背景音乐营造沉浸式氛围。
> （3）知识问答卡片也可由教师自行设计。

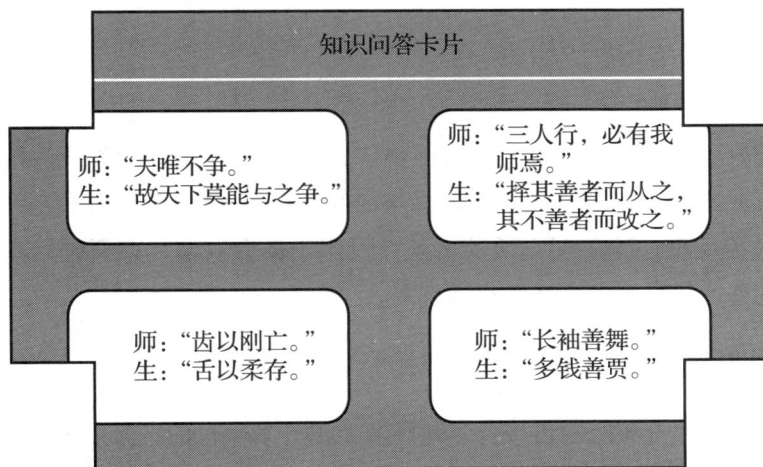

知识问答卡片

师："夫唯不争。"
生："故天下莫能与之争。"

师："三人行，必有我师焉。"
生："择其善者而从之，其不善者而改之。"

师："齿以刚亡。"
生："舌以柔存。"

师："长袖善舞。"
生："多钱善贾。"

图 3-1　知识问答卡片

流程 2：进入角色

（1）分发剧本。

教师根据事先发放的问卷结果，按照学生兴趣分发剧本（如果参与活动学生人数较多，建议按场次分配角色，尽可能让所有同学都参与表演）。

（2）角色练习。

学生根据拿到的剧本挑选角色，分组练习。

> **小贴士**
>
> （1）该环节建议用时 30 ～ 40 分钟。
> （2）学生自行练习时，教师需针对学生在朗读台词、肢体动作、表演走位等方面存在的问题，展开随机指导。

流程 3：故事表演

学生分组按场次表演。

> **小贴士**
>
> （1）该环节建议用时 20 分钟。
> （2）教师需提前准备好背景 PPT，供小组表演时使用。

流程 4：总结评价

1. 学生自评

教师在学习通发起讨论："请你针对刚才自己小组的表演进行评价，总结经验与不足。"

2. 学生互评

教师在学习通发起投票："请选出今天的最佳表演小组"，之后进行总结并公布评价结果。

活动总结

与舞台戏剧不同，教育戏剧的受众面更广，它通常用于课堂教学而并非舞台表演，目的是以戏剧或剧场的技巧，建立群体参与的互动关系，丰富课程内容，达到"乐学"的效果。此次活动设计除了课堂活动之外亦可用于舞台表演，只要辅以音乐、背景屏幕、服装与道具，便可营造良好的戏剧氛围。

活动拓展

（1）可将已完成排演的剧目进行多地展演，提升学生自信，激发学生兴趣，丰富校园文化。

（2）收集其他哲学故事，编写新的剧本。

活动亮点

将原创戏剧融入教学活动，比绘画、雕塑等造型艺术更具灵动性，比音乐、舞蹈艺术更具直观性，是融合了外在的画面、声音、动作、表情和内在情感的立体表现形式。教师引导学生在虚实结合的情境中，通过角色丰富人生经历，激发学生的想象力和创造力。此外，在戏剧表演中，思维、行动、感情等诸多元素同时受到触动，无论是对塑造学生完整的人格，抑或是提升学生的沟通交流能力，还是让学生沉浸式体验戏剧表演的幸福快乐，都具有深刻的意义。

注意事项

建议没有舞台经验的教师从小组开始小范围排练，初步积累排剧经验后再以班级为单位开展活动。

附：教育戏剧剧本

孔子问道

人物：孔子、老子、孔子弟子甲、孔子弟子乙、老子家仆

（一）

【地点：孔子家中

【时间：白天

【出场3人：孔子、孔子弟子甲、孔子弟子乙

【孔子坐在屋中，弟子甲和弟子乙上前拜见——

弟子甲：老师，学生们来了！

孔　子：今日为师要带你们去见天下最有智慧的人。

弟子乙：（疑惑）天下最有智慧的人？难道不是老师您吗？

孔　子：非也非也，那人姓李名耳，世人都称他为老子。老子的大智慧我早有耳闻，一直心向往之，几次想去拜访都未能如愿。今日，他终于答应与我见面了，实在是三生有幸啊！

弟子甲：天下竟然还有让老师如此钦佩之人，学生实在是好奇！

孔　子：你们可是忘记了？三人行，必有我师焉……

二弟子：（齐声）三人行，必有我师焉，择其善者而从之，其不善者而改之。学生记住了！

孔　子：我们走吧！

（二）

【地点：老子家中

【时间：白天

【出场5人：老子、孔子、老子家仆、孔子弟子甲、孔子弟子乙

【老子端坐屋中，家仆走进屋内——

家　仆：先生，有人来了！

老　子：何人？

家　仆：是鲁国的孔丘、孔夫子。

老　子：请进来吧！

【家仆走到屋外，孔子已在屋外等候

家　仆：（行礼）您请进。

【孔子还礼，走进屋中，老子正在闭目静坐——

孔　子：（恭敬行礼）在下孔丘，前来拜见先生。

【老子依然闭目静坐——

家　仆：（走上前）先生……

孔　子：（拦住家仆）不要打扰先生思考，我等一会儿便是。

【孔子两名弟子走到门外——

弟子甲：老师进去这么久了，怎么听不到声音？

弟子乙：非礼勿听，咱们还是在那边等吧。

弟子甲：好！

【二人走至离门稍远处，站立等候

【孔子走出门外——

弟子甲：（急步上前）老师您出来了，那老先生对您说了什么啊？

孔　子：先生跟我讲了一个深刻的道理。

弟子乙：深刻的道理！能否讲给学生听听？

孔　子：先生告诉我"齿以刚亡，舌以柔存"。我们回去吧！（下场）

弟子甲：老师刚说的是什么意思啊？

弟子乙：老师说，人们往往是牙齿掉光了，舌头却还在。这个意思是说……（思索）柔弱胜刚强，拥有持久的精神才能走到最后吧！

弟子甲：哎呀，老师都走了，咱们也快回去吧！

【二人匆匆下场

（三）

【地点：黄河边

【时间：白天

【出场2人：孔子　老子

【河水滔滔，孔子与老子面对面坐在石阶上，展开了一段流传千年的对话——

老　子：君王所争的是天下，诸侯所争的是疆土，大夫所争的是权力，世人所争的是地位，百姓所争的是衣食。其所争虽有不同，却都是为了私欲。君王诸侯大夫之争，导致天下动乱；世人百姓之争，促使人心变恶。所以说啊，私欲是万恶之源，寡欲才能无争；无争，天下才会无乱无恶。这才是最美好的社会呀！

孔　子：对于争与不争，我的想法与先生有所不同。文王武王，如果不争殷纣王的天下，臣民百姓就会永远在暴政下挣扎。一个国家的疆土，被他国无理地抢占，如果不全力相争，他国便会得寸进尺。有识之士，通过正确的奋争步入仕途，才能够为国家做出更多的贡献。只要各自的奋争合乎礼，天下就不会产生动乱。当今天下的动乱之源，不是各有所争，而是违礼之争。晚辈所向往的社会，是既太平又昌盛，人们行为规范，合乎礼法。

老　子：有地就有天，有阴就有阳；有我李耳，也有你孔丘。你我再争下去，也不会有什么结果，只有各循其道而行了。

（四）

【地点：户外桃树下

【时间：白天

【出场3人：孔子　老子　孔子弟子

【老子坐在树下，孔子带弟子走上前，行大礼——

孔　子：先生，自黄河论道一别已有数年，您还好吗？

老　子：（笑）如你所见，我已经是个白发老叟了。

孔　子：先生说笑了，您刚才坐在树下，完全是一副超脱世外的模样。倒是孔丘，这些年奔波在各国游说，徒增了年岁，却一无所成，实在是惭愧呀！

老　子：你这次来，是想问什么呢？

孔　子：当今之世，天下纷乱，我一意孤行推行礼乐仁义，难道真的错了吗？恳请先生再次教诲——（作揖）

老　子：孔丘呀，索性放弃吧！名，公器也，不可多取。

孔　子：那孔丘当何去何从，难道真的要做一个无用之人？

老　子：无用，安知不是大用。你可记得我们第一次见面时说的话？

孔　子：记得！先生告诉我，刚则亡，柔则存。

老　子：是的，攻坚者莫之能胜，上善若水呐！

孔　子：（思索）上善若水……最高的善应该像水一样，时刻帮助人却从不与人相争，不求回报。

弟　子：老师，这不正是您所说的，水之德恰如君子吗？

孔　子：正是如此。（转向老子）先生微言大义，吾道一以贯之。先生的道超然世外，而我的道却在人间。

老　子：那就不要在意世人的眼光吧，富者赠人以金，我没有金子，就赠你这几句话吧！

【孔子与弟子起身行礼——

孔　子：孔丘谨遵先生教诲。

真　相

人物：韩非　李斯　嬴政　士兵（数人）官员

（一）

【时间：夜晚

【地点：关城城墙上

【出场4～6人：李斯　韩非的鬼魂　士兵2～4人

【夜晚，城墙上，士兵甲和士兵乙正在巡夜——

士兵甲：（瑟瑟发抖）今天可真冷啊！

士兵乙：（紧张）你有没有觉得，今天晚上比平时都要黑！

士兵甲：（害怕）真是啊，我总感觉有什么大事情要发生！

【突然从远处传来骇人的叫喊声——

画外音：鬼！有鬼！是韩非来了！

士兵乙：（紧张地叫了起来）韩……韩非！快走，咱们快去告诉李斯大人！

【二人匆匆下场——

【李斯带两名士兵（可以与之前两人相同，亦可不同）匆匆上场——

李　斯：（紧张）你们说见到了韩非，他人在哪儿呢？

士兵丙：大人，不是人，是鬼、是鬼！

李　斯：（厉声）胡说！这世上哪里有鬼？

士兵丁：是真的……

【披着黑色披风的韩非鬼魂幽幽上场——

韩非鬼魂：李斯、师兄，你终于来了……

李　斯：（颤抖）你……你是谁？

韩非鬼魂：怎么几日不见，你连师弟都认不出了？

李　斯：韩非，你生前不肯帮助秦王，死后又不肯离开秦国土地，究竟要做什么？

韩非鬼魂：（叹）师兄，你可知是谁害死了我？

李　斯：（自语）原来他并不知道内情……（转向韩非，假意询问）难道你不是因为不想效忠秦王，而自饮了毒酒？

韩非鬼魂：并非如此，所以今日前来，特请师兄帮我查出凶手！

李　斯：（松了口气）放心吧师弟，这件事包在我身上！

韩非鬼魂：拜托了！

【韩非向李斯行礼，李斯还礼，二人分别朝不同的方向离去……

（二）

【地点：秦王宫殿

【时间：数月前

【出场4人：韩非　嬴政　李斯　官员

【嬴政坐在殿中，官员上——

官　员：大王，韩非来了。

【嬴政激动起身，快步迎上前去；韩非行礼，嬴政急忙扶住韩非——

嬴　政：韩非呀，孤终于见到你了！

韩　非：大王，韩非何德何能，如此受到大王的厚爱，定当尽全力效忠大王！

嬴　政：太好了！太好了！你和李斯二人本师出同门，现在得到你二人的共同辅佐，孤统一六国，指日可待！

李　斯：是，我二人定当全力辅佐大王成就霸业！

嬴　政：韩非，李斯日前劝孤——欲灭六国，先攻韩国，此事你如何看待？

韩　非：欲灭六国，先攻……韩国？

李　斯：韩非，我知道韩国是你的故国，但从当下时局来看，韩国势力最弱，即使秦王不出兵，它的灭亡也是必然结果。

韩　非：（转向嬴政）大王可否听韩非一言？

嬴　政：请讲！

韩　非：天下割据战乱已久，必于归一，可在当前的情况下，伐韩并不明智啊！

嬴　政：请细细说来。

韩　非：战国七雄中，韩国最为弱小，所以它在常年面对他国攻势的情况下，早就形成了上下一心、同忧共患的局面，大王现在攻打韩国，打下一座城池就要被迫退兵，这样，秦国的兵力会被其他国家看轻，秦国以强欺弱的做法，也势必会被其他国家拿来当作攻打秦国的借口。

嬴　政：（思索）你说的……不无道理啊！

李　斯：大王……

嬴　政：（摆手）好了，此事暂且不提，让寡人再想想！

二　人：（行礼）是！

（三）

【地点：秦王宫殿

【时间：白天

【出场2人：李斯　嬴政

嬴　政：李斯，你劝寡人先灭韩国，韩非劝寡人不要攻韩，寡人现在举棋不定啊！

李　斯：大王，韩国离秦最近，势力最弱，灭掉韩国对我们来说并不困难，还能让他国震慑于我秦国的威严，实在是首选。韩非之所以三番五次劝大王存韩，完全是出于他的一己私心呐！

嬴　政：唉，看来寡人的一片心意，还是无法打动此人呐！

李　斯：大王，韩非与韩王是同族，爱韩不爱秦，这是人之常情。

嬴　政：（不舍）你说的有理！可此人的学识与才华，确实世间难寻，当真要将他放回韩国？

李　斯：韩非不能为大王所用，投去他人，对我们更是不利，不如……杀之！

嬴　政：（略有诧异）李斯，当年是你极力向寡人推荐韩非，因此寡人才想尽办法，让韩王将韩非送到秦国来的，可如今为何你又提出要杀他呢？

李　斯：（叹）韩非与斯均师从荀卿，同门师兄弟，情谊颇深，加之当年他在韩国处境不佳，故想荐他前来，为大王效力。可韩非三番五次劝说大王攻赵，以强攻强，却是想让我二国两败俱伤，从而为韩国争取时间。不能与大王同心之人，杀之，属实是无奈之举啊！

嬴　政：（叹）罢，你来决定吧！

李　斯：（起身行礼）是！

（四）

【地点：城墙上

【时间：夜晚

【出场2人：韩非鬼魂　李斯

【李斯站在城墙上等候，韩非鬼魂幽幽上前——

李　斯：师弟，你终于来了！

韩非鬼魂：（冷笑）你怕了吗？

李　斯：怕？为何怕？

韩非鬼魂：我已经全都知道了，害死我的人，就是你——李斯！（冷笑）我的师兄！（平复心情）世人都说你嫉妒我的才华，原来是真的！

李　斯：（平静）嫉妒你？的确如此！凭什么你就可以获得大王的青睐，你可知大王花了多少心思才把你请入秦国？而我当年，却是厚着脸皮自荐，忍受旁人的冷眼，一步一步地攀爬……这其中的辛酸，岂是你堂堂韩国公子能感受到的？

韩非鬼魂：（冷笑）辛酸？堂堂韩国公子？我在韩国遭受的冷遇，你又何曾知道……韩国待我凉薄，可人却不能忘本。我空有一身本领无法报效故国，已是惭愧，又岂能助纣为虐，帮助秦王灭掉自己的故国呢？既然我不会为秦王效力，自然不可能影响到你的地位，况且你我同门多年，你又何苦置我于死地呢？

李　斯：你当真认为我是因为怕你影响到我的地位，才不得已杀了你？

韩非鬼魂：不得已？你倒是跟我说说，什么是不得已？！

李　斯：（叹）你费尽心思劝大王攻赵，不过想为韩国多争取一点时间。可是秦国大统，时局已定，韩国的灭亡只是早晚问题。你三番五次劝说大王存韩，我一再提醒，你却不知收敛，格局如此之小，你让大王如何留你？

韩非鬼魂：（叹）或许你是对的，你才是那个真正的铁腕法家！你我政见不同，或许从一开始，就注定会成为敌人。

李　斯：师弟，你安心去吧。我定会终其一生将法家学说发扬光大，不负你我同门一场。

韩非鬼魂：罢了，师兄，韩非去也，你好自为之吧。（下场）

【李斯望着韩非鬼魂消失的方向，心情十分复杂——

李　斯：师弟呀，你此番离去是名扬千古，后人都会记得韩非学识渊博、为人忠义。而我，为了国土大统倾尽一生，推郡县、废分封，统一货币文字、度量衡，广揽人才，主持改革……可是，我害死了你——我的师弟……往后啊，这顶嫉贤妒能的小人帽子，我怕是生生世世都摘不掉了！

新编历史话剧《真相》

（策划人：兰州职业技术学院初等教育学院　康恩凝）

以汉字为纲，织文化之网

——"中华汉字文化"活动设计方案

🌀 活动主题

　　汉字已经有 3000 多年的历史，它像活化石一样，为我们保存了数千年的文化瑰宝。汉字，作为中华文明起源最重要的标志，不仅哺育了世世代代的中华儿女，也承载了华夏文明灿烂的历史画卷。汉字，形美如画，音美如歌，意美如诗。它简洁、高效、生动、优美，是世界上最古老的文字之一，亦是我们沿用至今的文字。汉字也沉淀着中国文化之美。中华传统文化"兴于诗、立于礼、成于乐"，汉字在中华优秀传统文化中起到纽带作用，夯实汉字基础，有利于树立我们的文化自信。鲁迅先生提出汉字"三美"，即意美以感心、音美以感耳、形美以感目。本活动立足于汉字"三美"，让学生在活动中体验汉字的博大精深。

🌀 活动目标

知识目标

　　了解汉字的起源、形体演变；体会鲁迅先生提出的"汉字三美"；能够从"六书"角度分析汉字构造。

技能目标

　　熟悉汉字的结构，能分析 100 个常见的汉字，能讲述汉字背后的故事。

素养目标

　　热爱中国语言和文字，对汉字形成一定审美能力，主动传承和保护汉字，将汉字之美运用到生活中。

🌀 活动对象

　　全院开设优秀传统文化公共必修课（或素选课、专业课）的任课教师、任课班级学生；学院团委及相关社团、热爱传统文化的社会人群；热爱汉字艺术者或书法爱好者。

活动形式

学生分组，采用诵读、手舞、图画、吟唱等方式体验汉字之美。

活动时间

提前一周准备，小组课前利用课余时间录制，课堂进行展示。

活动时长

1 节课（45 分钟）。

活动准备

（1）观看教师录制的微课视频《中华汉字之美》。

（2）下载 App 资源：知网文化、喜马拉雅、古古识字、中文百科、叫叫、汉字高手等 App（见图 4-1）。

中华汉字之美

图 4-1　可供学习的几款 App

（3）学生分组，根据学生的特点选取不同的活动内容（见图 4-2～图 4-4）。

图 4-2　鲁迅有关"汉字三美"

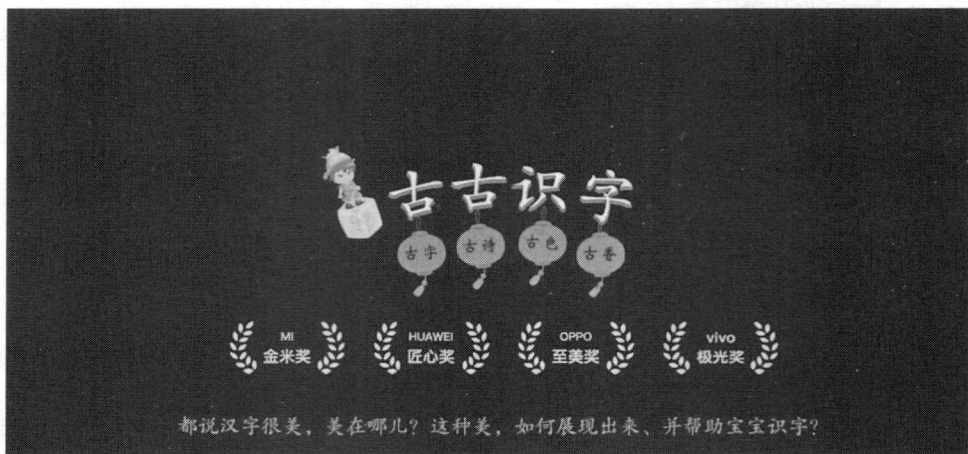

图 4-3 "古古识字"软件

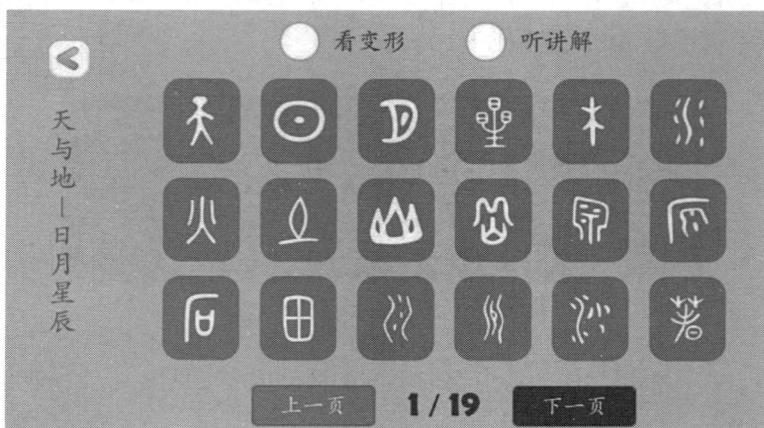

图 4-4 "古古识字"软件举例

活动流程

本活动分为以下三个分活动，依次或交错进行。在具体实施过程中，教师可根据地域、年级、专业、班级的不同酌情增删某些环节。

分活动 1："音美以感耳"，品汉字的声音美，感知汉字的声调与抑扬顿挫之美

女生录制朗读《蒹葭》的视频，展示汉字温柔之美。

观看著名播音员朗诵作品《蒹葭》（https://haokan.baidu.com/v?pd=wisenatural&vid=8212744659938953122），感知汉字的声音美。

学生着汉服，选取古筝或者古曲，一人朗诵，其他几人配合。除朗诵外，还可进行唱诵，或配以手舞等。

观看著名播音员赵普朗诵作品《岂曰无衣》（https://haokan.baidu.com/v?vid=1103525 6648309453381&pd=bjh&fr=bjhauthor&type=video），感受汉字的声音美。

男生录制朗读《岂曰无衣》的视频，感受汉字的阳刚之美。

【知识储备】

汉字"音美以感耳"。在发音的时候，汉字有"平声、上声、去声、入声"四声，发音时字正腔圆，所以有音乐的美感。我们在发"美"这个字的读音时，嘴角上扬，脸上是微笑的，这叫声入心通，声音可以表达心境。"无边落木萧萧下，不尽长江滚滚来"对应的平仄是：平平仄仄平平仄，仄仄平平仄仄平。平仄关系使语言具有抑扬顿挫之美。

诵读素材：

诗经·国风·秦风·蒹葭

蒹葭苍苍，白露为霜。所谓伊人，在水一方。溯洄从之，道阻且长。溯游从之，宛在水中央。

蒹葭萋萋，白露未晞。所谓伊人，在水之湄。溯洄从之，道阻且跻。溯游从之，宛在水中坻。

蒹葭采采，白露未已。所谓伊人，在水之涘。溯洄从之，道阻且右。溯游从之，宛在水中沚。

诗经·国风·秦风·无衣

岂曰无衣？与子同袍。王于兴师，修我戈矛。与子同仇！

岂曰无衣？与子同泽。王于兴师，修我矛戟。与子偕作！

岂曰无衣？与子同裳。王于兴师，修我甲兵。与子偕行！

《蒹葭》这首诗采用四言句，句式整齐，押韵，有一唱三叹之美。朗读时采用"二二拍"，听起来很整齐；作品押"ɑng""i"韵；运用了叠词"苍苍""萋萋""采采"；运用了叠章，反复咏唱。

"岂曰无衣，与子同袍。"铿锵的音韵中，人们仿佛看到了无数为国慷慨赴死的战士，他们是中华民族几千年的铮铮脊梁。诗歌是最凝练的语言，也是最有力量的语言。朗读这首古诗，可以充分感受汉字的气势磅礴之美。

分活动2："形美以感目"，寻找最美汉字，品汉字的形体美，感知汉字如画的结构之美

（1）课前录制短视频。

（2）短视频优秀作品上传班群，展示、评价。

（3）开展汉字游戏活动。

【知识储备】

汉字"形"美如画。古代汉字有象形、指事、会意、形声等不同的结构方式，象形

排在第一位，在《说文解字》中有 364 个。汉字是由笔画构成的方块字。每一个汉字都显示其方正的平面形，从而表现出整齐划一的美来。透过汉字的一横一竖、一撇一捺，在笔画之间感受到的，正是中国古人所追求的客观美——稳重、端庄、平衡对称，是一种周正之美。汉字是全世界最美丽的文字，它的形态琳琅满目、美不胜收。它的笔画是美的，汉字由点、横、竖、撇、捺、钩、挑、折等基本笔画构成，这些笔画是我国智慧的前人从自然万象中获得启示提炼出来的美丽形象，具有抽象的美学意义。它的结构是美的，汉字有独体字和合体字两种基本字形，具有均匀、对称、平衡、向背、俯仰、稳定等特点，错落有致，丰富灵动。汉字的书法是世界上独一无二的，被誉为无言的诗、无形的舞、无图的话、无声的乐。它的写法是美的，甲骨文之神秘美，钟鼎大小篆之古朴美，隶体之端庄美，楷体之隽秀美，行书之飘逸美，草书笔走龙蛇，其美难以用笔墨形容。

汉字的故事也很美。《淮南子·本经训》载："昔者仓颉作书，而天雨粟，鬼夜哭。"

汉字的外形很漂亮，书法艺术就能充分地展示汉字之美。在书法家笔下，一个个汉字就如同一幅幅生动的画。本活动中，学生通过学习"古古识字"软件，找出最美汉字，激发学生对汉字的学习兴趣，进一步感受汉字之美。

教师可以利用学生对表演比较感兴趣的特点，设计以下活动：同学们可以用树叶、花卉拼出最美的汉字。比如用花朵拼出的"羊"字（见图 4-5）。在拼字时，可运用自然界一切美的东西，赋予汉字更美的形体。比如同学们用树叶拼的"朙"字（见图 4-6），赋予这个字空灵的形体美，其寓意为"日月凌空，普照大地"。在教学实践中，有的同学用六种书法写"美"字，有的同学用身体拼出汉字，有的同学用汉字画出了十二生肖（见图 4-7～图 4-14）。

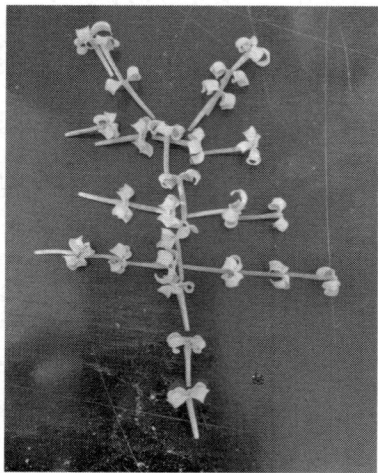

图 4-5 学生用花朵拼出的"羊"字

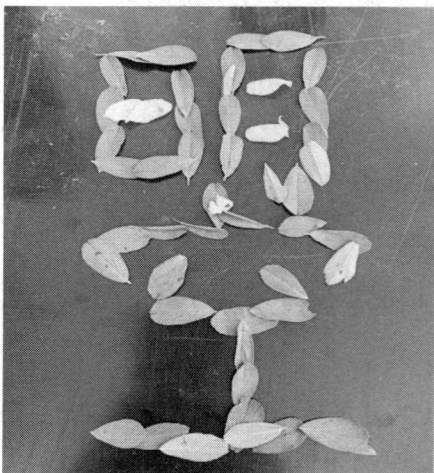

图 4-6 学生用树叶拼出的"朙"字

图 4 - 7　猜汉字游戏

图 4 - 8　用身体拼接汉字

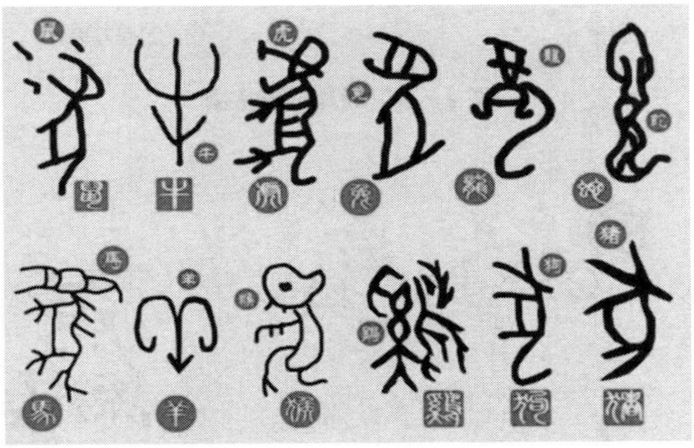

图 4 - 9　十二生肖创意图

图 4 - 10　最美象形字

图 4 - 11　画最美汉字

（a）美丽的姑娘 　　　　　　　　　（b）爱

（c）唐僧 　　　　　　　　　（d）鹏程万里

图 4 - 12　有趣的汉字画

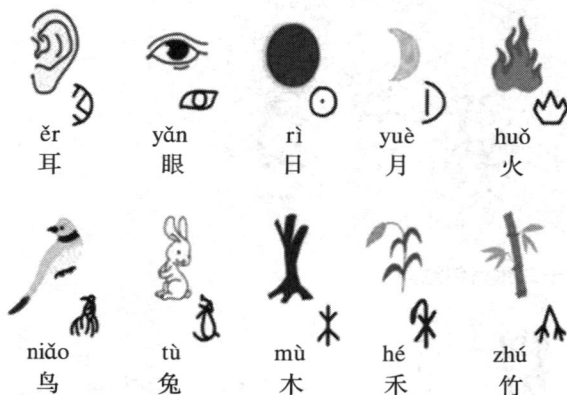

| ěr | yǎn | rì | yuè | huǒ |
| 耳 | 眼 | 日 | 月 | 火 |

| niǎo | tù | mù | hé | zhú |
| 鸟 | 兔 | 木 | 禾 | 竹 |

图 4 - 13　有趣的象形字

图 4 - 14　"双胞胎"汉字、"三胞胎"汉字辨析

　　在这个环节的活动中，我们将录制视频与课堂展示相结合，让学生发挥其丰富的想象力，不限制具体的文字和形式，从而让汉字的形体美得到最充分的展示。

▌▌ **分活动 3："意美以感心"，品味、感知汉字的意境之美**

（1）录制短视频并展示。

（2）讲述"最美汉字"。

【知识储备】

意美就是通过字形让人联想到画面。中国汉字最大的特点便是自带意境，这也是一种只可意会不可言传的东西。比如，古代的坐采用的是跪坐的方式，"女"字是女子跪坐在地上，展示了非常温柔贤淑的形象，具有意境美（见图4-15）。

图4-15　"女"字的意境美

"德"，会意兼形声字。它的左边是"彳"（chì），在古文字中多表示"行走"之义；右部是"直"字，其字形像一只眼睛上面有一条直线，表示眼睛要看正。二者相合就是"行得要正，看得要直"之义。右边的眼睛下加了一颗"心"，这时的人们又给"德"字的含义加了一条标准，即除了"行正、目正"外，还要"心正"，可见人们对"德"的标准要求越来越高。

"德"当"好的品行"讲，古今都是如此。在古代不同的领域里"德"字有不同的含义，如儒家以"温、良、恭、俭、让"为修身五德，兵家以"智、信、仁、勇、严"为将之五德。但不管怎么说，"德"总是美好的东西，有了高尚的品德才会被人尊重，"德高望重""君子以厚德载物"都有此含义。

在这个活动中，同学们现场讲述最美的汉字，可以一边讲述一边书写，配合一由古筝曲或者古曲，讲述的汉字可以自由选择。讲述过程须录制视频，录制完成后，教师将视频发布到自己的"中华传统文化"抖音号上（见图4-16），采取教师评价、学生评价相结合的方式，进行展示和评价。

图 4 - 16 教师"中华传统文化"抖音号

活动总结

这就是我们的汉字，这就是"一字一世界，一笔一乾坤"的中国字。我们今天读汉字、写汉字都习以为常，殊不知，我们正在使用的，就是这个星球上最美的、独一无二的文字。

本活动采用汉字游戏体验的方式，使学生加强对汉字的热爱和更进一步的体会，在活动中一定要增加汉字"六书"的认识和鲁迅先生关于"汉字三美"的认识，这样才能在看似简单的活动中体会汉字之美。

活动拓展

（1）深入幼儿园开展一次"教小朋友写汉字"活动，勉励幼儿园小朋友写好中国字，做正直中国人，写字要用心，做人要真诚。

（2）组织书法比赛活动。用学生的书法作品《天道酬勤》（见图 4 - 17）作为例子，勉励学生勤奋、踏实，一步一个脚印，方正写字，写出骨气。

图 4 - 17　学生书法作品《天道酬勤》

活动亮点

（1）合理运用信息技术与资源，基于 OBE 教学理念，设计教学和活动模式。

（2）学生合作探究，学练结合。采取线上线下相结合的形式，让教学活动"活"起来；采用讨论式、体验式活动方式，让学生"动"起来；运用参与式实践活动，让思政教育"实"起来。

（3）学生学习兴趣浓厚。内容上强调科学性、知识性、当代性、趣味性相统一，强调贴近学生生活。

（4）学习能力提升。老师从教学难点出发，以生活为源泉创设情境，讲解抽象的文字，结合拆字游戏、趣解汉字等方式；利用富有特色的活动，激发学生兴趣，比如讲解诗词时，教师运用歌舞、说唱等形式；充分利用各类 App，比如"叫叫""古古"等，助力学生提高技能。

注意事项

（1）课程互动环节以小组为单位进行，教师要关注每一位学生是否积极参与；后期在活动设计中因材施教，按照不同学生的性格特点设计不同的活动。

（2）形式和内容的结合要恰当，在教学中适度增加学生互动，增强课堂教学效果。

（策划人：兰州职业技术学院合作办学处 赵延红）

我手表我心，心意送亲人

——"传统吉祥纹样礼品制作"活动设计方案

活动主题

传统吉祥纹样作为重要的传统文化符号传承千年，广泛分布在建筑、服饰、书画、家具、日常器具等各种载体中。学生通过观察、欣赏传统吉祥纹样，学习其来历、含义，理解其中包含的文化意蕴，通过亲手制作传统吉祥纹样礼品，品味、体悟其文化内涵，在实践操作与实际生活中将其加以继承与发扬。

活动目标

知识目标

了解传统吉祥纹样的来历及主要表现手法；了解常用传统吉祥纹样及其蕴含的美好含义。

技能目标

能运用专业所学或个人所长，设计并制作兼具实用性、美观性的传统吉祥纹样制品。

素养目标

通过了解、制作常用传统吉祥纹样制品，理解、体会其中蕴含的自古以来人们对美好生活的向往与热爱之情。在亲手设计、制作吉祥纹样制品的过程中，培养学生动手能力，让学生体会劳动带来的成就感；为了制作出理想的传统吉祥纹样礼品，学生需要学习更多的技巧、掌握更强的技能，在此过程中感受和磨炼执着专注、精益求精、一丝不苟、追求卓越的工匠精神。

活动对象

学习本门课程的高职各专业学生。

活动形式

以课堂活动或课后作业形式完成。

活动时间

传统吉祥纹样常见于书画创作与家居家具、建筑、服饰等的装饰，因此教师可在相关章节教学完成后开展本活动。活动时长由教师灵活安排。

活动准备

1. 认知与体验

"衣不在衣而在意，纹不在纹而在文。"人们用吉祥纹样对物品进行装饰，既是对物品外观的美化，也是借这些纹样表达对美好生活的无尽期许。请写出图5-1～图5-6所示常见吉祥纹样表达的美好寓意。

浅縠色缎绣博古花卉纹袷袍马蹄袖

图5-1　牡丹（　　）

摺丝葫芦形金耳饰

图5-2　葫芦（　　）

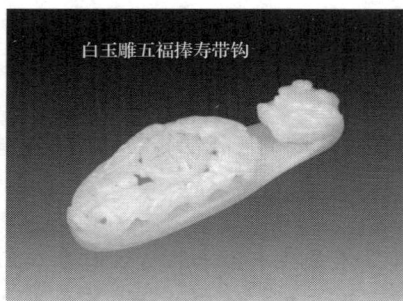

白玉雕五福捧寿带钩

图5-3　五蝠、寿文（　　）

老银烧蓝石榴如意结发簪

图5-4　石榴（　　）

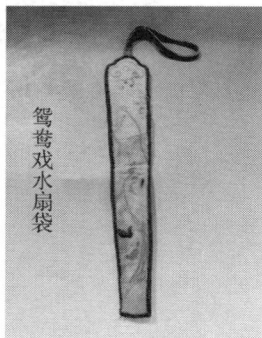

鸳鸯戏水扇袋

图5-5　鸳鸯（　　）

寿山石喜鹊登梅笔筒

图5-6　喜鹊、梅花（　　）

2. 内化与认同

传统吉祥纹样所表达的美好期许，反映了人们对所处时代特定生产、生活状态所寄予的希望。人们对生活的具体期许会因时代不同而发生变化，吉祥纹样的造型、寓意也会有所区别。同样是借助"马背上"这一形象表示马上实现希望，古人在马背上放置蜜蜂、猴子，谐音"马上封侯"，表达的是对功名利禄的追求（见图 5-7）；现代年轻人在马背上放置一对大象，意为"马上有对象"，表达的是对美好爱情的向往（见图 5-8）。

图 5-7　白玉"马上封侯"坠

图 5-8　"马上有对象"T恤

如今，借助吉祥纹样表达希望与祝福的做法在生活中仍广泛存在。人们结合现代元素，创造了更多款式的吉祥纹样，借以表达出更为多样的美好期许。

（1）新元素的引入。

中华优秀传统文化的重要特点之一就是包容性，对外来文化能兼收并蓄、为我所用。吉祥纹样的运用也是如此。如四叶草本来是西方文化中幸运的象征，现在已被广泛应用于各类饰物，代表了人们对名誉、财富、健康与爱情的追求（见图 5-9）。

心形图案的具体来源并无定论，但在很多文化中被认为代表了激情和强烈的情感，最常表达的就是"爱"（见图 5-10）。

图 5-9　四叶草饰物

图 5-10　心形刺绣图案

（2）旧元素的新用法。

谐音法是传统吉祥纹样常用的构成手法。当代人们进一步拓展其适用范围，引入更多的谐音，并将其与吉祥含义联系起来。

例一：借"粽"与"中"的谐音，配合"逢考必过"的小吊牌，表达对金榜题名的期许（见图 5 - 11）。

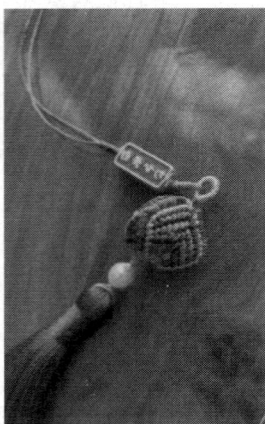

图 5 - 11 "逢考必过"编织粽子挂件

例二："鹿"谐音"禄"，"福禄寿"向来是传统吉祥纹样的重要内容（见图 5 - 12）。当代人们采用了另一谐音"路"，赋予这一原有传统吉祥纹样更多的美好含义（见图 5 - 13）。

图 5 - 12 福禄寿圆绣片（清代）

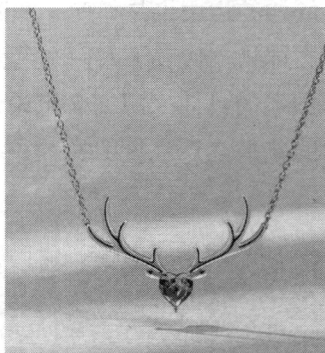

图 5 - 13 一"鹿"有你

（3）广泛的使用场景。

吉祥纹样虽然属于传统文化元素，但其中蕴含的美好含义得到当今人们的普遍认可，因此其使用并不局限于复古风格的装饰。人们通过采用新的表现手法、新的制作材料，将传统吉祥纹样广泛应用于各种风格的物品，包括手机挂件、汽车摆件这些新事物，从而使传统吉祥纹样焕发出新的活力（见图 5 - 14 ～图 5 - 17）。

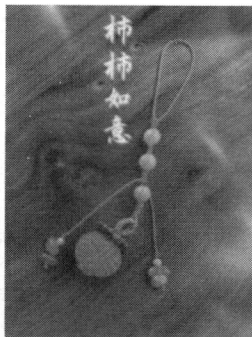

图 5 - 14　手机链

图 5 - 15　寿字纹刺绣杯垫

图 5 - 16　葫芦流苏汽车挂饰

图 5 - 17　一"路"好运编织手绳

3. 发现与创新

请观察自己身边的事物，寻找有新意的传统吉祥纹样用法和创新的吉祥纹样，并将自己的发现记录下来。

活动流程

步骤 1：想

请回答：现在的你，最希望以怎样的形式、给谁、送出什么样的祝福？请确定要表达心意的对象、要表达心意的内容，以及确定以何种物品承载这种心意。祝福是无价的，心意是不会过期的，所以请尽量选择、制作兼具实用性与美观性的物品，避免其成为一次性用品。

步骤 2：选

根据要表达的心意，选定恰当的吉祥纹样。例如有亲友要参加重要的考试，可以选择蟾宫折桂、金榜题名、雁塔留名、独占鳌头、鱼跃龙门等纹样；有亲友新婚，可以选择百年好合、龙凤呈祥、鸳鸯戏水等元素；祝福老人长寿，则可以选择松鹤延年、福山寿海、猫蝶牡丹、五福捧寿、麻姑献寿等题材。

步骤 3：画

根据自己表达心意的需要，对选定的吉祥纹样进行再设计，为制作做准备。根据自己的美术功底和动手能力，可以直接使用既有的吉祥纹样，也可以对传统吉祥纹样进行改良，或旧元素重新组合，或重新设计新纹样，或引入自己和表达心意对象心有灵犀的新元素。

请注意要表达心意的对象对吉祥纹样表现形式的接受程度，如传统的鸳鸯纹样（见图 5-18）对绘画功底有较高要求，具体制作物品时难度也更高，当代年轻人对传统鸳鸯纹样的接受度又比较低，因此可以考虑用更时尚的手法来刻画鸳鸯形象（见图 5-19 和图 5-20）。

图 5-18　传统工笔鸳鸯

图 5-19　简笔画鸳鸯

图 5-20　鸳鸯矢量图

步骤 4：做

选择自己擅长或便于操作或最能表达自己心意的形式，制作要送出的物品。可以根据自己所长，采用任意表现手法、材料，如绘画、刺绣、剪纸、折纸、雕塑、编织，也可以结合专业特色，利用相应专业技能完成，如摄影、咖啡拉花、点心模具、电焊、包装设计等，如此制作出的物品会更有个性（见图 5-21 ～图 5-23）。

图 5-21　生肖咖啡拉花

图 5-22　电焊壁虎

注："壁虎"谐音"庇护""避祸""必福"。

图 5 - 23　自制手机壳

步骤 5：送

将自己亲手制作的物品送给要表达心意的对象。邮寄或当面送出均可，以当面送出为佳。

步骤 6：记

以视频、照片、文字等形式记录活动全过程，并撰写活动心得，将每一步的所思、所做、所感逐一详细记录，比如选择和确定纹样的理由、制作过程中的感受、送出礼物时的心情、对方收到礼物时的反应及自己看到对方反应的心情等。

步骤 7：评

将记录活动过程的视频资料和撰写的活动心得上传至班级空间，同学们从选样是否准确、设计巧妙程度、制作精美与否等角度开展交流，互相点评和学习。教师结合学生互评结果，甄选优秀作品公开展示。

步骤 8：传

学生将记录活动过程的视频资料和撰写的活动心得上传至微信朋友圈、QQ 空间、抖音、微博、小红书等社交平台，进一步扩大本活动的影响，使更多的人了解、喜爱传统吉祥纹样，达到传承、传播优秀传统文化的目的。

活动拓展

吉祥纹样又称吉祥图案，是人们借助象征、谐音、指代等手法，用花鸟虫鱼、飞禽走兽、神话传说等元素设计的具有一定吉祥寓意的装饰纹样。"吉祥"一词最早出于《庄子》"虚室生白，吉祥止止"。东汉许慎《说文解字》解释为："吉，善也，从士口；

祥，福也，从示羊声，一云善。"唐朝成玄英注疏："吉者，福善之事；祥者，嘉庆之征。"古人常受天灾人祸的侵扰，生活乃至生存的不易使人们强烈渴求吉祥如意，祈盼风调雨顺、人寿年丰、儿孙满堂，期望爱情美满、家庭和睦、生活幸福。这些吉祥企盼成为艺术表达常用的主题，被艺术家借助自然事物、神话传说等元素，以各种表现手法广泛应用于书画、建筑、服饰、手工艺品等各种载体上，逐渐形成了传统吉祥纹样。

传统吉祥纹样借助艺术形象加深审美感受，或以某物寓其善美，或以某物名谐吉祥词，其常见构成方法有三种：一是以花纹表示，二是以谐音表示，三是以文字来说明。吉祥纹样起始于商周，发展于唐宋，鼎盛于明清，其时可谓图必有意、意必吉祥。传统吉祥纹样表达的含意主要有四个：富、贵、寿、喜。"富"是财产富有的表示，包括丰收；"贵"是地位、功名的象征；"寿"表示平安，有延年之意；"喜"则与婚姻、友情、多子多孙等有关。吉祥纹样作为中国传统文化的重要组成部分，已成为认知民族精神和民族旨趣的标志之一。

传统吉祥纹样花样繁多，有皇家贵胄常用的龙凤神兽、海水江崖，也有普通百姓喜欢的福禄寿喜、梅兰竹菊。常见的传统吉祥纹样有：松竹梅寓意岁寒三友，情操高洁，文人雅士经常采用；松鹤表示长寿，多用于长者服饰；鸳鸯代表夫妇和美、白头偕老；咧嘴的石榴象征多子多孙；凤凰和牡丹意味着富贵；花瓶和鹌鹑谐音"平安"，表达的是人们最平凡也是最美好的祝愿；花瓶里插三枝方天画戟，寓意"平升三级"；鲇鱼在莲下嬉戏，表达的是"连年有余"的祈愿。

传统吉祥纹样的运用如图 5-24～图 5-28 所示。

图 5-24 《猫蝶图》
注："猫蝶"谐音"耄耋"，寓意长寿。

图 5-25 象驮宝瓶
注：寓意"太平（瓶）有象（相）"。

图 5 - 26　银制鎏金鹤、鹿、寿星

注：寓意福禄寿。

图 5 - 27　白玉双獾挂件

注："獾"与"欢"同音，"双獾"引申为"合欢"，寓意婚姻吉祥美好。

图 5 - 28　石牌坊上的雕花

传统吉祥纹样作为中华优秀传统文化的标志性符号，在西方国家也获得了广泛的认可（见图 5 - 29）。

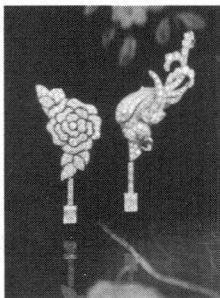

图 5 - 29　不对称式花鸟耳环

注：香奈尔高级珠宝系列 coromandel，灵感来自中国的乌木漆面屏风。

拓展资料：

（1）优酷视频：《吉祥图案——成功之路》。

（2）优酷视频：《实践课：深度了解吉祥图案》。

（3）微信小程序：个人图书馆，《一眼看懂龙袍上的 40 种纹饰》。

活动亮点

1. 操作性强

本活动以课堂活动或课后作业的形式完成，对活动时间、地点、经费、使用材料、学生资质等都没有硬性规定，教师可根据自身教学特点灵活安排，学生则个个能参与、人人可动手，还能发挥专业特色或个人所长，操作性很强。

2. 可与专业结合，体现高职特色

学生在选材、制作等过程中，可以充分结合专业特色，使用专业技能，如婚庆专业学生可结合首饰设计完成，学前教育专业学生可发挥手工特长，护理专业学生可使用废弃输液管进行编织，汽车相关专业学生可制作能用于汽车装饰的物品。

3. 从传统中来，到生活中去，让传统文化"活"起来

传统吉祥纹样来自传统文化，反映的是自古以来的各种美好心愿；本活动制作的物品兼具美观性、实用性，是人们日常生活用品的一部分。传统文化借助吉祥纹样，从历史中走出来，走进人们的现实生活，展示了顽强的生命力。

注意事项

在策划的八个"活动步骤"之外，作为教学内容的补充，或作为本活动的准备，教师可以安排学生加做一步"寻"，在身边的建筑、服饰、书画、手工制品等载体上寻找传统吉祥纹样，以照片或视频的形式记录下来，并以文字形式注解，具体说明是何种吉祥纹样、在何种载体上发现、表达何种含义等，有助于学生了解更多的传统吉祥纹样知识，积累更多素材，也有助于让学生感受传统文化广泛的影响力和蓬勃的生命力。这些材料可以和记录活动过程的视频资料一起上传到班级空间和社交平台。

教师应关注学生记录活动过程的视频资料和撰写的活动心得在社交平台上的传播效果。在资料上传一段时间后，教师可组织学生"回头看"，了解、统计相关数据，如点赞、评论、互动的数量，以此唤起学生对参与"传统吉祥纹样礼品制作"这一活动的自豪感，引导学生在宣传、推广和互动的过程中深入了解更多的传统吉祥纹样相关知识，激发学生在社交平台传播中华优秀传统文化的热情，进一步培养学生积极、主动学习中华优秀传统文化的意识，加强文化自信，也有利于中华优秀传统文化的传承与传播。

（策划人：兰州职业技术学院基础教学部　李晓燕）

凡事有定期，万物有定时
—— "二十四节气"活动设计方案

活动主题

了解二十四节气，感受中华节气文化。通过开展说唱活动，将二十四节气中包含的知识内化于心；通过诗歌飞花令活动，将二十四节气中包含的文化外化于形；通过分享表达，感悟二十四节气里蕴含的人生哲理，体会智慧人生，激发创造与想象。

活动目标

知识目标

通过视频展示二十四节气的由来、物候特征，让学生掌握二十四节气的内容，内化知识。

技能目标

诵读与二十四节气有关的古诗，动嘴发声提精神，素养积累提素质；通过练习二十四节气手舞激发学生内驱力，培养学生的参与力与自信力。

素养目标

用每个节气里提炼出的农业社会祖先的智慧去启迪学生；让学生分享自己的感悟，达到自悟。

活动对象

全体学生。

活动形式

说唱表演、诗歌飞花令、感悟分享、手舞表演。

活动地点

教室或舞台。

活动时间

课堂或课外，可根据条件灵活安排。

活动时长

90分钟。每一步骤的具体时长，教师可根据安排灵活掌握。

活动准备

1. 教师准备

在学习通发布学习任务。

2. 学生准备

全班同学分为4组，抽签领取4个任务：

（1）说唱组进行二十四节气的知识学习并做测验；

（2）诗歌组观看二十四节气诗歌视频，并表演飞花令；

（3）感悟组学习二十四节气中蕴含的人生哲理，并分享；

（4）手舞组观看视频，并学习动作。

活动流程

流程1：说唱活动

（1）播放二十四节气背景视频。

（2）老师唱，学生上场。

唱词参考：

春雨惊春清谷天，夏满芒夏暑相连。秋处露秋寒霜降，冬雪雪冬小大寒。

（3）学生表演韵律说唱。

可扫描二维码，参照以下活动进行。

春分手舞　　　　谷雨手舞　　　　清明节手舞　　　　立夏手舞

唱词参考：

一年春夏秋冬分四季；还有二十四节气。

立春：冰消阳气转；雨水：来到茶花鲜。

惊蛰：蛇虫出洞欢；春分：蝶飞桃花艳。

清明：挥泪烧纸钱；谷雨：春山新茶煎。

立夏：麦穗千层浪；小满：肥蚕自作茧。

芒种：收割开大镰；夏至：蛙鸣蝉噪烦。

小暑、大暑：酷热天；立秋：叶落燕飞南。

处暑：桂花香气漫；白露：千岭层林染。

秋分：白昼开始短；寒露：蛙鼠要冬眠。

霜降：野菊斗严寒；立冬：草瘦百花残。

小雪：临近要保暖；大雪：瑞雪兆丰年。

冬至：要端饺子碗；小寒：时处三九天。

大寒：节至岁将满；杀猪宰羊过大年。

流程 2：吟诗活动

诗歌组表演二十四节气飞花令，参考诗词如下。

含有"春"的诗词

（1）爆竹声中一岁除，春风送暖入屠苏。——王安石《元日》

（2）不知细叶谁裁出，二月春风似剪刀。——贺知章《咏柳》

（3）草长莺飞二月天，拂堤杨柳醉春烟。——高鼎《村居》

（4）沉舟侧畔千帆过，病树前头万木春。——刘禹锡《酬乐天扬州初逢席上见赠》

（5）春潮带雨晚来急，野渡无人舟自横。——韦应物《滁州西涧》

（6）春草明年绿，王孙归不归？——王维《山中送别》

（7）春花秋月何时了？往事知多少。——李煜《虞美人·春花秋月何时了》

（8）春蚕到死丝方尽，蜡炬成灰泪始干。——李商隐《无题》

（9）春江潮水连海平，海上明月共潮生。——张若虚《春江花月夜》

（10）春风得意马蹄疾，一日看尽长安花。——孟郊《登科后》

（11）春风又绿江南岸，明月何时照我还？——王安石《泊船瓜洲》

（12）等闲识得东风面，万紫千红总是春。——朱熹《春日》

（13）读书不觉已春深，一寸光阴一寸金。——王贞白《白鹿洞二首·其一》

（14）风雨送春归，飞雪迎春到。——毛泽东《卜算子·咏梅》

（15）国破山河在，城春草木深。——杜甫《春望》

含有"夏"的诗词

（1）夏半阴气始，淅然云景秋。——韩愈《送刘师服》

（2）夏谷雪犹在，阴岩昼不分。——王贞白《庐山》

（3）夏条绿已密，朱萼缀明鲜。——韦应物《夏花明》

（4）夏夜新晴星校少，雨收残水入天河。——王建《新晴》

（5）夏满寻医还出寺，晴来晒疏暂开门。——周贺《赠神邈上人》

（6）仲夏苦夜短，开轩纳微凉。——杜甫《夏夜叹》

（7）首夏犹清和，芳草亦未歇。——谢灵运《游赤石进帆海》

（8）孟夏草木长，绕屋树扶疏。——陶渊明《读山海经·其一》

（9）长夏村墟风日清，檐牙燕雀已生成。——张耒《夏日三首·其一》

（10）长夏山村诗兴幽，趁淡多在碧泉头。——唐寅《题画廿四首·其一》

（11）春夏一番交篆早，绵衣脱了着单衣。——俞桂《口占》

（12）沅溪夏晚足凉风，春酒相携就竹丛。——王昌龄《龙标野宴》

（13）味苦夏虫避，丛卑春鸟疑。——杜甫《苦竹》

（14）可惜夏天明月夜，土山前面障南风。——张祜《平阴夏日作》

（15）端午临中夏，时清日复长。——李隆基《端午》

（16）绿树阴浓夏日长，楼台倒影入池塘。——高骈《山亭夏日》

含有"秋"的诗词

（1）八月秋高风怒号，卷我屋上三重茅。——杜甫《茅屋为秋风所破歌》

（2）白发渔樵江渚上，惯看秋月春风。——杨慎《临江仙·滚滚长江东逝水》

（3）白兔捣药秋复春，嫦娥孤栖与谁邻？——李白《把酒问月》

（4）长风万里送秋雁，对此可以酣高楼。——李白《宣州谢朓楼饯别校书叔云》

（5）楚天千里清秋，水随天去秋无际。——辛弃疾《水龙吟·登建康赏心亭》

（6）春江花朝秋月夜，往往取酒还独倾。——白居易《琵琶行》

（7）自古逢秋悲寂寥，我言秋日胜春朝。——刘禹锡《秋词》

（8）东船西舫悄无言，唯见江心秋月白。——白居易《琵琶行》

（9）独立寒秋，湘江北去，橘子洲头。——毛泽东《沁园春·长沙》

（10）多情自古伤离别，更那堪，冷落清秋节。——柳永《雨霖铃·寒蝉凄切》

（11）家家乞巧望秋月，穿尽红丝几万条。——林杰《乞巧》

（12）待到秋来九月八，我花开后百花杀。——黄巢《不第后赋菊》

（13）对潇潇暮雨洒江天，一番洗清秋。——柳永《八声甘州》

（14）峨眉山月半轮秋，影入平羌江水流。——李白《峨眉山月歌》

（15）何处合成愁，离人心上秋。——吴文英《唐多令·惜别》

（16）红藕香残玉簟秋。轻解罗裳，独上兰舟。——李清照《一剪梅·红藕香残玉簟秋》

含有"冬"的诗词

（1）天时人事日相催，冬至阳生春又来。——杜甫《小至》

（2）江南有丹橘，经冬犹绿林。——张九龄《感遇·江南有丹橘》

（3）十月江南天气好，可怜冬景似春华。——白居易《早冬》

（4）三冬今足用，谁笑腹空虚。——汪洙《勤学》

（5）雪压冬云白絮飞，万花纷谢一时稀。——毛泽东《七律·冬云》

（6）野客预知农事好，三冬瑞雪未全消。——戴复古《除夜》

（7）若非神物多灵迹，争得长年冬不枯。——白居易《游小洞庭》

（8）明年纵便量移去，犹得今冬雪里看。——王禹偁《官舍竹》

（9）三冬暂就儒生学，千耦还从父老耕。——陆游《观村童戏溪上》

（10）玄蝉去尽叶黄落，一树冬青人未归。——李商隐《访隐者不遇成二绝》

（11）古人已用三冬足，年少今开万卷余。——杜甫《柏学士茅屋》

（12）严冬不肃杀，何以见阳春。——吕温《孟冬蒲津关河亭作》

（13）昼夜蔽日月，冬夏共霜雪。——谢灵运《登庐山绝顶望诸峤》

（14）曾城填华屋，季冬树木苍。——杜甫《成都府》

（15）侵夜鸾开镜，迎冬雉献裘。——李商隐《陈后宫》

（16）花事能回隔岁春，冬烘倍觉长精神。——金朝觐《十二月看牡丹·其六》

流程3：感悟分享

（1）4组各自选1个季节，各组经过充分讨论后将关于选取的季节的一些人生感悟及思考填入表6-1中，并与其他组进行交流分享。

表6-1　四季人生感悟

	人生感悟
春	
夏	
秋	
冬	

（2）4组各自选6个节气，各组经过充分讨论后将关于选取的6个节气的一些人生感悟及思考填入表6-2中，并与其他组进行交流分享。

表 6 - 2　二十四节气人生感悟

	人生感悟
立春	
雨水	
惊蛰	
春分	
清明	
谷雨	
立夏	
小满	
芒种	
夏至	
小暑	
大暑	
立秋	
处暑	
白露	
秋分	
寒露	
霜降	
立冬	
小雪	
大雪	
冬至	
小寒	
大寒	

流程 4：手舞表演

手舞组表演手舞，可单人或多人表演。

学生手舞表演

唱词参考：

立春阳气转，雨水沿河边。惊蛰乌鸦叫，春分地皮干。

清明忙种粟，谷雨种大田。立夏鹅毛住，小满雀来全。

活动总结

1. 学生自评

教师发起讨论，学生对自己喜欢的一组进行评价，并分析理由。

2. 学生互评

教师在学习通上发起投票，得票最多者为优胜者。

3. 教师总结

教师对本次活动进行梳理与总结，具体对学生的学习态度、参与度、表现力、熟练度等进行分析与评价，引导学生提高自身各方面的素质。

活动拓展

（1）学生可收集关于四季、二十四节气的文学作品，并上传至班级空间；

（2）学生可收集或拍摄关于四季、二十四节气的物候照片、短视频，并上传至班级空间，与大家分享交流；

（3）收集整理关于四季、二十四节气的故事，大家分享交流。

活动亮点

（1）多样的活动和丰富的内容展示，令参与者体验深刻；

（2）课堂活动实景展现，能给活动实施者以后的活动策划提供参考。

注意事项

1. 活动准备一定要充分有效，教师课前发布给学生的任务一定要具体，各小组要有负责人，每个组员都要有明确的任务完成要求；

2. 要提前反复演练，以确保活动达到预期效果。

（策划人：兰州职业技术学院基础教学部　朱慧玲）

探姓氏之源，寻文化之根
——"中国姓氏文化"活动设计方案

活动主题

"参天之木，必有其根；怀山之水，必有其源。"中国的姓氏从上古时期流传到现在，其历史之悠久、内涵之深广非其他国家所能匹敌。寻根问祖不仅仅是人类的一种怀旧情感，也是后人对先祖的认同，以及后来者对历史的反思。姓名是每个人的文字符号，它伴随着我们的一生，凝聚着父母的深情厚谊和殷切期望。通过姓氏变迁这个窗口，我们可以初步了解中华民族5000年来的姓氏起源与演化，纵览民族瑰丽神奇的文化发展史。基于以上思考，以"探姓氏之源，寻文化之根"为活动主题，学生通过参与"寻根问祖－姓氏探源"等一系列活动环节，更好地感受和理解这方面的内容，进而理解姓氏文化的重要性和寻根寻源的必要性，领悟中华文明与文化的博大精深，做一个有根的中国人。

活动目标

知识目标

了解中华姓氏的起源与发展变化，理解姓氏寻根现象，引导学生关注身边的问题，探求中国姓氏蕴含的文化底蕴。

技能目标

让学生在实践中建立新的学习方式。通过调查访问，收集整理资料，相互交流探讨，从生活中发现问题、分析问题、解决问题，培养学生查阅、收集、处理信息的能力。

素养目标

让学生感受探究实践带来的愉悦和价值，激发学生热爱中华文化的情怀，培养学生树立中华诸姓共同创造中华文明、振兴中华民族的观念，增强学生对传统文化的认同感和民族归属感。

活动对象

全体学生。

活动形式

课内课外结合，分散调查，小组协作，调查采访。

活动时间

提前布置任务，学生准备时间为一周，课堂展示 90 分钟。

活动准备

1. 分组合作

调查统计本班同学的姓氏，看哪个姓氏最多，同一姓氏的同学为一组，以 4～6 人为一小组；姓氏比较少的同学可以分一组。

2. 查阅资料

阅读《百家姓》和中国最新姓氏人数排名，看看自己的姓氏在《百家姓》的排名和中国最新姓氏人数排名的变化，查阅自己姓氏的来历及与自己同姓氏的古今名人及相关的文化背景与资料。

3. 采访沟通

通过采访家族长辈和父母，了解与自己名字相关的故事（如名字是谁取的、有什么含义、有没有什么有趣的故事等），查找本家族的家谱，探寻家族源头，寻找本家族的名人事迹。

活动流程

流程 1：古今姓名趣话（课前分组采访拍摄完成）

1. 人名春秋

每个人都有自己的名字，不同的名字有不同的含义，现在每个人可能还会有多个名字在不同的场景使用（小名、绰号、网名等），这些名字是怎么来的？你们的名字背后有着怎样的故事呢？可与父母沟通，询问父母是否愿意出镜，每一小组可为父母拍摄采访小视频，请他们讲讲为你们取名的故事或趣事，让父母说说对你们的寄语，促进与父母的互动。

2. 小试牛刀

姓名是人们在社会交往中用来代表个人的符号。我们现在称某人的名字与古人是不同的。古人名是名，字是字，号是号，各有用途。名，是在社会上使用的个人的符号。

自称用名，称人以字。"字"往往是"名"的解释和补充，是和"名"相表里的，所以又叫"表字"。

"号"是一种固定的别名，又称别号。古代社会的中上层人物（特别是文人）往往以住地和志趣等为自己取号（包括斋名、室名等），请大家结合自己的名字或者兴趣爱好为自己取一个别致的雅号。课前按小组拍摄自我介绍名字与别号的小视频，也可以在课内小组汇报的时候加入有趣的成员介绍。

流程2：课堂汇报展示

环节1：播放课前小组拍摄的姓名趣谈视频，听听父母的寄语。

环节2：知识大比拼，姓氏图腾探趣（课前整理好相关资料）。

（1）找一找。中国有多少姓氏？中国字数最多的姓氏是什么？中国最少见的姓氏是什么？中国最好听的姓氏是什么？中国最难听的姓氏是什么？中国最特殊的姓氏是什么？

（2）赏一赏。欣赏艺术家王大有的姓氏图腾，看看自己姓氏的图腾长什么样，说说自己姓氏图腾的意义。学生可以依次按姓氏顺序上台讲述自己姓氏图腾的意义，也可小组内推选一名成员上台描摹自己的姓氏图腾并进行讲解。

王姓图腾（见图7-1）是戴了一只半月形的钺斧做成的王冠的酋长。

赵姓图腾（见图7-2）由奔走的人形和在供案上供奉"肖"的图形组成。"肖"是玄鸟燕子的象形，赵氏以玄鸟为图腾，故赵从"肖"。

李姓图腾（见图7-3）由虎、木、子三部分组成，"虎"代表皋陶的祖先少昊，"木"代表皋陶玄鸟族的图腾，"子"象征后代子孙。

王

图7-1 王姓图腾

赵

图7-2 赵姓图腾

李

图7-3 李姓图腾

商代和西周早期的青铜器（见图7-4）上，常常铸有一种以象形文字为主的铭文（见图7-5）。对于这些青铜器上的铭文，考古界常称为"彝器款识"或"钟鼎文"，现在通称"金文"。

图 7 - 4　妇好铜圆鼎

图 7 - 5　妇好铜圆鼎全形拓

知识链接

青铜器铭文

除了记事铭文外，青铜器铭文的很大一部分短铭文属于"族氏铭文"，也就是一些特定族氏的图画或记号，并不完全演化为文字，这就是最早的"族徽"，或者可以称为"徽号文字""族名金文"。

第一个将这些青铜器上图画型的铭文称为"族徽"的，是郭沫若先生。他认为"比等图形文字，乃古代国族之名号，盖所谓'图腾'之孑遗或转变也"。他的这一说法经过长期实践的检验，已被考古界和金石界所公认。对中国商周时期上层贵族中，曾经出现过"族徽"这一现象，已普遍被人接受。

青铜器铭文上的"族徽"主要可以分为三种类型：族名、族长名和族居地。有些铭文中这三者同时出现，也有些青铜器上只有其中的一个或者两个内容出现。

1930 年，郭沫若先生率先提出了"族徽说"，这一创建不仅揭示了族徽的性质，也拨开了长期以来笼罩在族徽文字研究上的迷雾，为人们利用族徽文字研究商周历史问题指明了方向。

1981 年林沄先生对族徽文字的性质问题进行了重大讨论，他批驳了族徽不是文字的错误认识，指出"族徽"不是由姓构成的，而是表示"氏族名的"。这一见解的提出明确了族徽文字主要为氏名的认识，是对郭沫若先生族徽说的重要补充和完善，标志着人们对族徽文字性质的认识已经达到一定高度。

进入 21 世纪，国内很多专家学者在研究族徽文字方面下了很大功夫，也取得了一些成绩。雒有仓先生《商周青铜器族徽文字综合研究》、何景成先生《商周青铜器族氏铭文研究》的发表，代表了国内对族徽文字研究方面的高度和深度。这两本著作较全面地对族徽文字的性质、特点、出现及渊源、分类与考释、分期与断代，及族氏关系进行了系统的研究，是全面了解商周族徽文字的教科书。

西周、春秋的家族有象征着本家族的特殊标志，后人称其为族徽。族徽也就是族名或者国名，它与家族的称号"氏"有密切关系。由于族徽使用的普遍性和早期文字本身的原始性，初期的族徽和文字并无本质的区别，族徽既是家族的形象标志，又是家族的称号"氏"。如果这个家族领有封国，还可以作为封国的名称。

但是，族徽与氏的使用场合又不完全相同。族徽作为家族的标志，铸制在青铜器上，运用于青铜铭文中，或者镶缀在家族的旗帜上和家族成员的铠甲上，它所突出的是形象。氏主要用于日常称呼，需要能读能写。于是，随着文字演进逐渐产生了便于书写、有读音、意思又与族徽原有含义一致的文字符号。由于文字演进得快，而族徽则刻意保持古老的形象，两者长期沿着不同的走向演化，相互之间的差别也就越来越大，秦汉以后姓、氏合一。这也就是金文中姓、氏、族徽并见，氏与族徽不易直接对照的原因。

环节 3：寻根问祖 - 姓氏探源。

（1）读一读《百家姓》。按小组分段诵读《百家姓》，了解《百家姓》的成书背景，知晓《百家姓》姓氏排序的原因。查一查自己的姓氏是否在《百家姓》之中，排在第几。如果不在其中，找找是什么原因。

《百家姓》是一部关于姓氏的作品。按文献记载，成文于北宋初。原收集姓氏 411 个，后增补到 504 个，其中单姓 444 个，复姓 60 个。《百家姓》采用四言体例，对姓氏进行了排列，而且句句押韵，虽然它的内容没有文理，但对于中国姓氏文化的传承、中国文字的认识等方面都起了巨大作用，这也是能够流传千年的一个重要因素。

《三字经》《百家姓》《千字文》并称"三百千"，是中国古代幼儿的启蒙读物。"赵钱孙李"成为《百家姓》前四姓是因为百家姓形成于宋朝，故而宋朝皇帝的赵氏、吴越国国王钱俶、正妃孙氏以及南唐国主李氏成为百家姓前四位。

（2）探一探姓氏源。分小组，可以同一姓氏的同学一组，通过课前查找文献或网上收集资料，了解家族姓氏、发展历史，学生依次上台讲述自己姓氏的来历及与自己同姓氏的历史名人有哪些。

（3）晒一晒家族事（课前拍好视频，课堂展示）。在认真寻根问祖、家谱探源过程中寻找本家族的名人事迹，找出家族中你认为最典型的一位名人，采访你家族中的名人，分享家族名人故事，可为家族名人拍摄采访小视频。

（4）画一画家谱树。课前了解家谱的基本含义、基本记述格式；探寻本家族是否有世代传承的家谱，弄清楚自家史、家族亲戚后，看看本家族为子孙起名字时，是否采用了字辈谱的起名方式；尝试为自己的家族手绘制作简易有趣的家谱图（见图 7-6）。

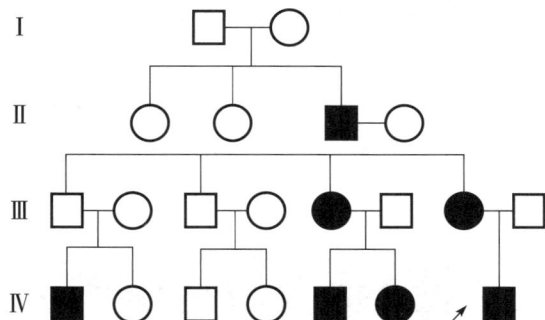

图 7-6　简易家谱图

知识链接

中华孔氏辈分

　　自孔子起，2500 多年来，孔姓家族繁衍日增，遍及全国各地。为使其族属代代不乱、长幼有序，老少尊卑各有条理，必须有一套科学的管理方法。为此，孔姓家族建立了全族统一的姓氏字辈制度。

　　孔氏辈分一共 50 个字，分别为希、言、公、彦、承、弘（宏）、闻、贞、尚、胤（衍）、兴、毓、传、继、广、昭、宪、庆、繁、祥、令、德、维、垂、佑、钦、绍、念、显、扬、建、道、敦、安、定、懋、修、肇、彝、常、裕、文、焕、景、瑞、永、锡、世、绪、昌。孔氏辈分的发展历程，在明代以前，孔氏后裔没有固定的行辈，那时人数尚少，各家取名很随意。孔姓族人的名字从第 45 代起，已注意显示字辈。但在第 56 代前，孔姓族人的字辈并不很严格，同代人多采用同一偏旁或同一字作字辈。自第 56 代开始（约在金代），除个别情况外，每一代都有一个固定的字表辈分。

　　孔姓正式定出行辈是在明朝。建文帝赐孔姓 8 个辈字："公彦承弘，闻贞尚胤"，供起名用。清同治二年（1863 年），75 世衍圣公孔祥珂，奏请皇帝恩准，再新赐 76 世至 85 世的字辈："令德维垂佑，钦绍念显扬。"

　　民国七年（1918 年），76 世衍圣公孔令贻，又拟 86 世至 105 世字辈："建道敦安定，懋修肇彝常。裕文焕景瑞，永锡世绪昌。"报请北洋政府内务部备案，次年核准颁布在全国实行。

活动拓展

（1）中国各个姓氏是怎样产生的，背后有什么起源故事？

（2）世界上最早使用姓氏的国家是中国，迄今已有几千年的历史。欧洲姓氏的历史只有400年，美洲的姓氏历史也只有200多年，日本的文化一直受到中国文化的影响，直到100多年前才有了自己的姓氏……这是中华民族的骄傲！身为龙的传人，我们为民族的灿烂文化而自豪！了解其他国家的姓氏特点，看看和中国姓氏相比有什么不同。

（3）参观寻访当地的姓氏文化研究会或者姓氏祠堂。祠堂文化源远流长，文化底蕴丰厚，内涵博大精深。祠堂是姓氏祖根和聚集繁衍的象征。祠堂文化是传统文化和民俗文化的一朵奇葩，是中华民族独具特色的传统文化遗存（见图7-7、图7-8、图7-9）。

图7-7　文天祥祠堂

图7-8　汉中武侯祠

图 7 - 9　兰州金城王氏蛟龙碑

活动亮点

千百年来，中华文化并没有因为战争而消失，大多都是通过姓氏家族得以保存，有姓氏而家庭、有家庭而家族、有家族而形成家族文化与家族精神。一姓有一姓之个忄生，一家族有一家族之传统，基因所在，教育所养。姓氏文化乃是中国民俗传统文化之缩影，在姓氏文化里，我们可以读到政治、经济、教育、道德，又可以读到祖先之生存状态、处世哲理、价值观念，还可以读到本族吾民之生灭盛衰、悲欢离合，可以增强民族自尊心和自豪感，从中受到教育和启发。

中华文化历史悠久，博大精深。姓氏作为中国传统文化，也是一门科学。一个姓就是一部史，一个姓续写千年情。通过姓氏文化和敬宗尊祖教育，继承祖先忠贞爱国、为国家为民族的英勇献身精神，维护和发展姓氏文化。

透过姓氏这个窗口，初步了解中华民族 5000 年来的姓氏起源与演化，纵览我们民族瑰丽神奇的文化发展史，产生民族自豪感。基于以上思考，此次，我们以姓氏为经，以文化为纬，探名人；自由谈，引话题，逐层抽丝剥茧，将姓氏背后厚重的文化逐一展示在学生面前，从而引发学生的探究兴趣及思考，拉近学生与姓氏文化的距离。从现在的姓氏追溯到姓氏起源，将博大厚重的姓氏文化由近及远逐次推移，让学生既联系了现实，又追寻了生命的过往。通过这次活动，迈开了深入探索姓氏文化的步伐，让学生能用自己的方式探究社会，丰富学生对中华优秀传统文化的认识，健全学生的人格。

注意事项

1. 本次策划活动分小组进行，活动任务重，前期的分组、准备工作、任务的确认需教师跟进。

2. 做任何事要有计划，更要有耐心，采访前一定要准备好拟提的问题和相关资料。

3. 后期整理资料中，活动材料一定要真实、详尽。

4. 外出参观一定要注意安全和健康问题。

（策划人：兰州职业技术学院基础教学部　王美龄）

访千年古建，筑精神基石
——"中国传统建筑文化"活动设计方案

活动主题

党的十八大以来，习近平总书记立足于新的时代背景和实践基础，对传承和弘扬中华优秀传统文化做出了一系列重要论述。党的二十大报告旗帜鲜明地提出要"深化文明交流互鉴，推动中华文化更好走向世界"。传统建筑文化是中华优秀传统文化中的一个重要组成部分，是向世人彰显独具中华特色的文化名片，其蕴含的文化心理、审美情趣、理想憧憬，以及家国情怀、工匠精神等更是我们筑牢时代精神基石的活水源泉。本活动方案设计的宗旨就是按照中央文件精神，让学生在对我国传统建筑文化有基本认知的基础上，实现文化认同，厚植家国情怀，并以传统建筑文化的相关元素为切入点，进行文创作品的设计，在某种程度上实现对传统建筑文化的"创造性转化、创新性发展"。

活动目标

知识目标

了解中国古建筑在建筑材料、外观造型、平面布局、技术装饰等方面的特点；了解中国建筑等级制；了解中国古建筑中蕴含的天人合一的思想。

技能目标

领略中国古建筑艺术之美，提高艺术鉴赏力及审美能力；能身体力行地宣传好家乡的古建筑；以传统建筑文化的相关元素为切入点，进行文创作品的设计。

素养目标

开阔眼界，增长知识，陶冶情操，增强文化自信及民族自豪感、认同感，激发爱国热情；弘扬创新精神和工匠精神，增强保护中国古建筑的意识。

活动对象

全体学生。

模块一：初窥门径——认知体验基础篇

活动主题

教师根据教学目标有针对性地选择一些照片（以学生拍摄的为主，以网络上收集的为辅），放到对应的板块中，引导学生归纳其特点，由点到面，由浅入深，实现对传统建筑文化相关知识的了解。

活动准备

教师提前一周要求学生利用课外时间自主拍摄身边的传统建筑照片，并对所拍照片进行简单描述，如拍摄时间、地点、所拍建筑的主要特点等，上传至云班课。

活动时间

前期准备大约一周，展示活动穿插在课堂讲授中。

活动流程

流程1：了解我国传统建筑中主要使用的建筑材料

（1）比较以下四幅图片（见图8-1、图8-2、图8-3、图8-4），说说我国古建筑除了台基、屋瓦外，最主要的建筑材料是什么、古代人为什么偏好以这种材料作为主要建筑材料。

图8-1 古希腊神庙

图8-2 古埃及金字塔

图8-3 中国古建筑

图8-4 古罗马斗兽场

与古埃及金字塔、古希腊神庙和古罗马斗兽场使用的石料不同，我国古建筑除了台基、屋瓦外，最主要的建筑材料是木材。

我国长江两岸及其他地方都不乏良好的石材，那为什么古代人偏好以木材作为主要的建筑材料呢？我们可以从建筑目的、建筑理念、文化取向等方面进行分析。我国的古建筑不求永恒与久远，而讲究居住的最佳境界，就是阴阳合和，木材能很好地表现这些特点。在阴阳五行中，木居东方，代表的是春天，象征着生命与生长的理想。此外，木材加工方便，建设周期短，符合"崇俭尚德"的价值观。

（2）古人植树造林、截木为材，盖房子、做家具。在木桌上吃饭，在木床上睡觉。还造出了很多与木有关的字。试试看，你能写几个？

（3）你知道它们叫什么名字（见图8-5、图8-6），是做什么用的吗？

图8-5 础

图8-6 门海

流程2：了解我国传统建筑的屋顶式样

（1）说说以下屋顶式样的名称（见图8-7至图8-12），以及使用场合。

庑殿顶，又被称为五脊顶、四阿顶、四注顶。它有1条正脊、4条垂脊、4面挂瓦，主要用于宫殿建筑里的主殿。庑殿顶有单檐、重檐之分，重檐级别更高。重檐庑殿顶是古建筑中级别最高的屋顶式样，太和殿用的就是重檐庑殿顶（见图8-7）。

歇山顶与庑殿顶的最大不同在于，除了正脊、垂脊以外，还有戗脊，在垂脊和戗脊之间，有个三角形位置不挂瓦，称为山花。古代一般配殿用歇山顶，达官贵人的府第也可以用（见图8-8）。

图8-7 重檐庑殿顶

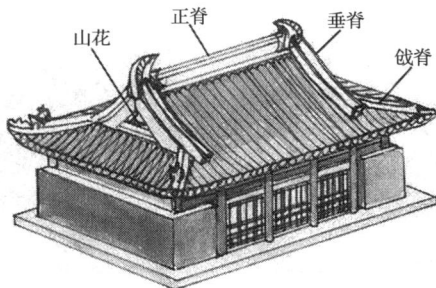

图8-8 重檐歇山顶

悬山顶和硬山顶用在民居（见图8-9、图8-10）。其中，悬山顶前后两面挂瓦，屋檐向外伸出，多用于北方民居。硬山顶的屋檐则直贴墙上，多用于南方民居。

图8-9　硬山顶

图8-10　悬山顶

攒尖顶（见图8-11）只有垂脊，没有正脊，顶部有宝顶。上可用于皇族，下可用于民间，适用范围较大。卷棚顶（见图8-12）多见于园林建筑，也有用于民居的。

图8-11　攒尖顶

图8-12　卷棚顶

（2）以简笔画的形式画一画以上屋顶式样。

流程3：了解我国传统建筑组群的方式

观察以下几幅图片（见图8-13至图8-16），说说我国传统建筑组群有什么特点，为什么会呈现出这种特点。

图8-13　皇宫

图8-14　书院

图 8-15　民居　　　　　　　　　　图 8-16　道观

　　在我国，除了风景名胜的一些景点建筑（如亭、塔）外，多数以大建筑群组出现，比如皇宫、寺庙、民居、书院等都由许多房屋组合而成。组群的主要方式是中轴对称。其规则就是，有一条重要的轴线为主，往纵深发展。主体建筑居中，两侧对称安排建筑群中的其他建筑。除了主轴线以外，还有次轴线，以及横轴线、纵轴线。这种对中轴线的情结与传统文化中的礼制紧密相关。礼制强调尊卑有序，而中间则强调权威居中。同时，也与中华民族的文化心理有关。中国人在审美上追求综合平衡、左右对称，和谐为美。建筑上也追求左右对称的均衡之美。

流程 4：了解我国传统建筑的装饰艺术

　　（1）收集各类窗框、窗棂式样（见图 8-17）。课堂展示时从审美和意蕴的角度对其进行简要描述。

图 8-17　窗框、窗棂式样

　　我国传统建筑的窗框、窗棂式样极多，且独富意蕴。其所具有的可变、灵动的特性，与周围的空间与景物形成一种含而不露、隔而不断的朦胧美和含蓄美，成为文人笔下独具魅力的意象。

　　（2）收集各类瓦当式样（见图 8-18）。课堂展示时从审美和意蕴的角度对其进行简要描述。

　　我国古建筑的瓦当制作精美，小小的圆面上铸刻着瑞纹及吉祥文字，集图章篆刻和平面设计于一身，是许多珠宝设计师的灵感源泉。

　　（3）收集脊兽图片（见图 8-19），并说说与之相关的传说。

图 8 - 18　瓦当

图 8 - 19　脊兽

脊兽是我国古建筑中放置在屋脊上的雕塑作品，既具有固定瓦件等实际功用，又具有镇水避火、降魔除障等象征寓意。一般来说，建筑地位越高，脊兽数目越多。

模块二：更上层楼——家国情怀进阶篇

分活动 1：我是家乡文旅推荐官

活动主题

通过这次实践活动，加深对家乡传统建筑文化的认知，了解自己家乡古建筑文化的魅力与价值；着力宣传家乡的传统建筑，助力家乡文旅事业的发展。同时，通过同学之间的相互分享交流，了解更多的传统建筑样式及其背后的故事，深入挖掘这些传统建筑所蕴藏的带有独特地域标识的传统风俗、伦理道德、审美情趣及精神基因，激发强烈的民族文化认同感、自豪感。

活动时间

前期准备大约两周，课堂展示控制在两节课。

活动流程

流程1：学生以同一个县或市为单位（或者自由成团）自由组合，以团队为单位参与实践活动。

流程2：团队成员讨论确定"我是家乡文旅推荐官"短视频的拍摄内容，如学生眼中的最美建筑（见图8-20、图8-21、图8-22）。

流程3：集思广益，初步商榷短视频的框架和脚本。

流程4：实地考察、拍摄，若条件受限可借助网络补充资料。

流程5：独立创作文案。

流程6：剪辑素材并完善后期音效。

流程7：作品提交后，将所有的作品进行编号。

流程8：课堂展示完整的短视频成果。

流程9：所有学生通过有关软件逐个进行投票。

流程10：条件允许的情况下，协调安排学生去得票前三名所推荐的地方实地考察、学习。

注意事项

1. 说清楚家乡的地点，所介绍的古建筑的名称、特点。

2. 作品创意新颖，构思独特，尊重原创。

3. 短视频时长为3～5分钟，画面清晰，人物出镜，声音平稳，特效适当。

学生眼中的家乡最美建筑

图8-20　秦安文庙（甘肃）

图 8-21 敦煌莫高窟（甘肃）

图 8-22 环县宋塔（甘肃）

分活动 2："消失中"的古建筑

活动主题

通过实地走访古村落，梳理出已消失或濒临消失的古建筑，并分析原因，形成调查报告或视频，以此呼吁全社会对我国古建筑的保护、对中华优秀传统文化的保护。调查报告可以作为政府部门相关政策制定依据来源。

活动流程

流程 1：学生自由组合，以团队为单位参与实践活动。

流程 2：团队成员讨论确定调查研究的村落。

流程 3：与该村落的管理人员取得联系，获得他们的支持。

流程 4：实地走访、考察，并拍摄好佐证照片。

流程 5：完成调查报告或视频拍摄、剪辑。

流程 6：组织评选。

流程 7：优秀作品可以借助公众号、抖音等方式予以宣传。

模块三：牛刀小试——创新能力超越篇

分活动 1：鲁班锁拆装比赛

活动主题

本活动的设计主要是让学生在对鲁班锁的拆装中领会榫卯结构的独特魅力，感受古人的匠心与智慧，激发学生的爱国之情，以及奋发学习、报效国家的热情。同时，在鲁班锁的拆装过程中，锻炼学生的毅力和耐心，提升其思维能力、动手能力及专注力。

活动准备

（1）教师购买鲁班锁 6 根装、9 根装、12 根装若干。

（2）学生以宿舍为单位，领取鲁班锁，进行练习。

活动时间

前期准备大约一周，课堂展示控制在一节课。

活动流程

比赛为淘汰制，共分三轮进行。

流程 1：第一轮比赛项目为鲁班锁 6 根装。

每队参赛队员各派一名代表选择一个鲁班锁（6 根装）。选手需要在短时间内拆解并重新组装成原样，用时短者胜出。本轮择优选择前五名进入下一轮比赛。

流程 2：第二轮比赛项目为鲁班锁 9 根装。

每队自由选派一人参赛，第二轮和第三轮不可由团队同一人参加。本轮择优选择前三名进入下一轮比赛。

流程 3：第三轮比赛项目为鲁班锁 12 根装。

每队选派一人参赛，最终决出名次。

知识链接

鲁班锁：中国人自己的魔方

相传，春秋时期，鲁班为了测试儿子是否聪明，用 6 根木条制作了一个可拆可拼的玩具，让儿子自己拆开。儿子忙了一夜，终于拆开了，这种玩具被后人称为鲁班锁。

还有一种传言，说是三国时期诸葛孔明根据八卦玄学的原理发明的，因此也叫孔明锁。

鲁班锁除了被称为孔明锁外，还有"别闷棍""六子联方""莫奈何""难人木"等叫法。它起源于中国古代建筑中首创的榫卯结构。鲁班锁的结构中，有一些凹凸的条棍，当它们穿插在一起的时候，榫卯咬合，凹凸的结构就变成了结实的实心。

鲁班锁的种类很多（见图 8-23），最常见的是 6 根组合，6 根的鲁班锁又按照地区、设计理念的不同，在构造上也不同；其次是 9 根组合。依照不同榫形，它们可以演变出多种类型，一般都是易拆难装。

图 8 - 23 　鲁班锁

分活动 2：以古建筑的有关造型、纹样、色彩等为灵感，设计一个文创作品

活动主题

本活动以古建筑元素为核心进行文创作品设计，让学生深刻地把握我国古建筑的特色，找到传统建筑文化和现代生活的连接点，让传统建筑文化真正"活起来""火起来"（见图 8 - 24、图 8 - 25、图 8 - 26、图 8 - 27）。

图 8 - 24 　某服饰品牌推出的"故宫"系列服饰

图 8 - 25 　"亭"造型的挂饰

图 8 - 26 　"脊兽"雪糕

图 8 - 27 　"亭台"耳饰

活动时间

前期准备大约两周，课堂展示控制在两节课。

活动流程

流程1：学生自由组合，以团队为单位完成文创作品设计、制作。

流程2：课堂展示时，团队成员全部上台，主讲人说明团队作品的制作意图、过程及收获。

流程3：利用投票软件进行作品评选。

流程4：给予优秀作品适当物质鼓励。

活动亮点

本活动方案由既具有连贯性又有层次性的三个部分构成。首先要求学生利用课外时间自主拍摄身边的传统建筑照片，教师根据教学目标有针对性地选择其中一些照片，放到对应的知识点板块中，由学生来归纳传统建筑的基本特点，通过学生的主动参与，由浅入深地了解较为难懂的建筑方面的用语，实现对传统建筑文化的基本了解，增强文化认同。在此基础上来探寻家乡的古建筑及其他濒临消失的古建筑，进而激发出强烈的家国情怀与责任意识。然后让学生在对鲁班锁的拆装中领会榫卯结构的独特魅力，感受古人的匠心与智慧，并以古建筑元素为核心进行文创作品设计，让学生更深刻地把握我国古建筑的特色，找到传统建筑文化和现代生活的连接点，让传统建筑文化真正"活起来""火起来"，在某种程度上实现对传统建筑文化的"创造性转化、创新性发展"，符合当前党中央的精神要求。

> **注意事项：**
>
> 1.传统建筑文化中涉及很多平时很少接触、较为深奥的专业名词，教师需要耐心细致地借助实物、图片、视频等帮助学生了解其含义。
>
> 2.校外的实践活动在具体实施时，还需根据实际情况进一步细化，以确保学生安全及活动实效。

（策划人：湖南铁路科技职业技术学院　夏向军）

家是最小国，国是千万家
——"家风家教"活动设计方案

活动主题

  家庭建设是个人幸福、社会进步和国家发展的重要基础。家庭不只是人们身体的住处，更是人们心灵的归宿。家庭教育是所有教育的起始点。它不仅是子女接受教育的第一课堂，也关系着孩子的前途和未来。父母是孩子的第一任教师，父母的一言一行都会对孩子的成长起到难以磨灭的影响。所以重视家庭教育，重视家教家风教育，就是重视人才的品德教育。家风是影响社会风气的重要源头。良好家风的培育，不仅能熏陶自身及家庭成员的思想、行为方式，还能带动他人养成良好品质，从而使文明的社会风尚源远流长。随着我国经济社会发展不断推进，我国城乡家庭的结构和生活方式发生了新变化，家庭成员的流动性不断增强，留守儿童、空巢家庭等现象日益突出，人民群众热切期盼高质量的家庭生活和精神追求。所以确定本次活动的主题是：学习名人家训，知晓家教原则，传承文化传统。

活动目标

知识目标

了解曾国藩、梁启超等名人故事，学习和借鉴名人家风家训，让学生从名人家风家训故事中，传承良好家训，指导自己思想言行，规范日常行为，实现榜样引领作用。

技能目标

设计并实践家风家训传唱诵读，通过活动组织和实践，提升学生的组织、沟通、协调能力，培养学生的团队合作意识和合作精神。

素养目标

通过实践活动，以沉浸式、体验式的学习方法，使学生在收集资料、准备展示成果的过程中，潜移默化地实现优良家风家训实践传承的教育目的。

活动形式

以课堂实践课的方式完成。

活动时间

家风家训文化熏陶可以从学生各方面的表现中渗透，因此本节课可安排在相关章节教学任务中穿插进行或某一章节教学完成后展开进行。活动时间由教师视具体情况灵活安排。

活动准备

1. 了解背景，统一认识

2022 年 6 月 8 日，习近平总书记在四川考察时指出："要推动全社会注重家庭家教家风建设，激励子孙后代增强国情怀，努力成长为对国家、对社会有用之才。"优良的家风家训承载并实践着中华优秀传统文化的精髓，将家风家教教育融于大学课堂，对于优秀传统文化传承而言，不仅找到了明确而具体的学习者、践行者与传承者，而上，在大学课堂开展家风家训理论及实践活动，对于新时代社会主义核心价值观的实现也意义重大。

2. 联系实际，规范言行

（1）挖掘家庭故事，寻觅日常亮点。联系自己家的实际，思考家庭教育对个人成长的重要意义，发现自己家庭中日常生活中做得比较好的地方，仔细梳理归纳。通过家庭生活回顾和总结，让学生重视家风培育，为形成良好社会风气在家庭这一基本单位打下基础。

（2）收集父母的家庭教育故事，让学生深刻地认识到父母的一言一行对子女的示范作用。认识父母的价值观、人生态度、生活习惯等对子女整个人生的重要作用，学会审视、思考家庭教育的得失，引发学生思考。

（3）总结自己家的家风家训。寻找家庭日常生活中的点滴细节，认识到家风中宝贵的成分，自觉传承，发扬光大。

活动流程

流程1：课前准备

（1）教师动员与引导，阐明此次活动目的。

第一，家风家教是一个家庭最宝贵的财富，是留给子孙后代最好的遗产。历史上记载的家训、家规、家书等，大都是由家庭、家族中有影响有文化见识的长辈倡导并不断完善形成的。为了学习和传承优良家风文化，我们特别策划了"家风正，国运昌"实践活动。本次活动要求大家课前阅读和收集相关资料，从为官、做人、经商等方面学习历史名人的理念和做法，使优秀传统文化通过阅读家风家训及家教故事深入学生心中，达到"以文化人"的教育目的。

第二，通过不同形式的成果展示培养学生各项能力，如团队协作能力、沟通能力、探索能力、创新能力，使学生各方面能力得到全面提升。

第三，通过成果展示的准备过程，实现润物无声的教育效果。通过活动发挥学生的创造性和参与度，培养学生的自信心和学习兴趣，优化课堂生态，提高学习效果。

（2）推荐学生此次活动必读书目。

阅读《曾国藩家书》《梁启超家书》，了解北京老字号"内联升"的经营发展历程，从做官、为学、经商三个方面来了解家风家训家教对个人和家庭的意义和作用。学习成果展示要求：全班分小组以情景剧或短视频的形式展示自己的学习收获。根据学生兴趣确定展示内容后，收集相关资料，用PPT、短视频、角色扮演等形式来展示。

（3）分小组确定内容。

第一小组：角色扮演。要求合理想象、个性展示"梁上君子怒斥曾国藩"的故事。

第二小组：简介梁启超其人其作。用短视频展示梁启超家书中的经典语段学习成果。

第三小组：用PPT课件展示并讲解民族品牌"内联升"的经营之道和成功秘诀。

（4）教师跟进、指导各小组课前工作进展。

个别小组可能会出现畏难情绪和活动准备停滞、学生参与度不高等情况，根据每个小组的工作任务，及时跟进了解学生准备的进度。教师应积极鼓励，热情指导，帮助学生协调解决准备工作中的困难和问题，及时发现学习过程中学生身上涌现出的可贵之处和闪光点，肯定鼓励，激发学生学习的兴趣和信心，从根本上改变课堂生态，提升课堂教学质量。

▌▌ **流程 2：课堂展示**

（1）教师介绍准备过程，强调"家是最小国，国是千万家"。

本次活动采用小组自选成果展示形式，同学们根据自己的特长和兴趣点从短视频、情景剧、PPT 课件等三种模式中选择其中一种模式来展现自己家风家训的学习成果。在课前准备的过程中，每一位同学都参与到学习中来，查资料、背台词、练动作、促沟通、磨协调。每一个小组都经历协商沟通、统一意见、一致行动的过程，这个过程是一次团队协作的极好的练习，是一次成功沟通的极好体验。

学习的主要内容是家风家教家训，在学院，每个班级就是一个大家庭，在小组学习中，学习小组就是一个家。中国传统文化的一大特色是"己—家—国"三位一体。家是最小国，国是千万家。我们每一位同学在班级这个大家庭中，积极发挥自己的能动性，积极参与到学习中来，班风正，校风就会正，校风正，社会风气就会好。而我们良好的顾全大局的素养，离不开自身良好的家庭教育。学习名人家风家训故事，弘扬清风正气，传承优良传统，以好家风带动好班风，以好班风带动好学风。"古之欲明明德于天下者，先治其国；欲治其国者，先齐其家；欲齐其家者，先修其身。"家风是社会风气的重要组成部分。我们通过学习名人家风家训名言故事，弘扬清风正气，传承优良传统，以好的家风支撑起好的社会风气。

（2）学生分小组展示学习成果，学生互评，教师评议。

第一小组：做。情景剧表演"梁上君子怒斥曾国藩"。

学生网络查询曾国藩的功业及贡献，讨论"笨小孩"曾国藩成为名人、梁上君子不知结局的原因。突出"莫问收获，但问耕耘"的处事态度，让学生在观看、讨论中明白"天道酬勤，勤能补拙"的道理，讨论环节的设置，旨在深化理解，激发学生树立学习的信心，克服自卑心理，鼓励学生课后阅读曾国藩的故事，更深入地学习曾国藩的为人处世之道。

对参与活动的同学给予热情肯定，对表现优秀者、准备充分者给予赞扬鼓励。

第二小组：读。以短视频展示梁启超家书中的经典语段。

在校园、操场、宿舍等场所朗诵梁启超家书经典语段并录制短视频，要求多形式录制，以一人、一宿舍、全班人等形式诵读，并将诵读的句子用字幕显示出来，供同学们学习。

▏ 示 例 ▏

莫问收获，但问耕耘。将来成就如何现在想它则甚？着急它则甚？一面不可骄盈自满，一面又不可怯弱自馁，尽自己能力做去，做到哪里是哪里，如此则可以无入而不自得，而于社会亦总有多少贡献。（1人读）

天下事业无所谓大小，士大夫救济天下和农夫善治其十亩之田所成就一样。只要在自己责任内，尽自己力量做去便是第一等人物。（4～5人读）

人生在世，常要思报社会之恩，因自己地位做的一分是一分，便人人都有事可做了。（1人或数人读）

不负今日

昨日已逝，逝者如斯，明日未至，前景何知，唯今日握在诸君手中，尤应呵护之，珍爱之，记挂之，驾驭之。今日者，当下也，此刻也。今日者，居于宇宙时空之中。此中者，菲庸庸碌碌，不进不退之中，实乃承上启下，继往开来之中，有昨日之积淀、传承、孕育，方有今日之躬行、奋进、改造，遂有明日。

今日者，荡涤昨日之旧我，建设明日之新我，唯笃行，唯耕耘，唯进步也。一切事业皆自今日始，一切学问皆从今日作，一切想法皆于今日起，一切志向皆在今日立。今日自强，则明日宏阔；今日蕴聚，则明日丰沛；今日努力，则明日可成；今日有为，则明日可期。

无今日之涓滴，则无将来之汪洋；无今日之册页，则无将来之典章；无今日之苞蕾，则无将来之繁花；无今日之土石，则无将来之重嶂。

识今日之有限，追将来之无穷；驰今日之白驹，御将来之腾龙；汇今日之小我，成将来之大公。

今日之重，譬犹泰山，万仞登临，踊跃跻攀，一寸一进，一步一前，巍哉其势，我为峰巅。

今日之美，譬犹阳春，新笋初发，雨露氤氲，万物喷薄，时序更新，昔时勉励，岁不待人。

今日之华，譬犹年少。宝剑锋芒，青春乐好。死生亦大，忽然将老，有花堪折，莫待枯槁。

今日之实，譬犹开卷，革旧兴智，求索修远，学为人师，行为世范，在明明德，止于至善。一朝一夕，即日即逝，一时一刻，今日须惜。今有一语赠诸君：何惧流年匆匆，但求无负今日。（全班在操场或教室齐读）

短视频学习成果的展示，可以激发学生的成就感和创造欲。为了展现良好的效果，学生自觉背诵内容，提前排练演习。有一人、几人、全班参与的形式，既能调动优秀学生展现良好的一面，又能督促所有人参与学习，很好地实现因材施教的教育目的。良好家训的学习，可以激发学生的责任感，最大限度地实现情感目标。

班长在组织全班集体诵读的过程中组织、协调、沟通等多方面能力得到提升锻炼，对于班干部的锻炼提升有极大帮助。

第三小组：PPT展示内联升的相关资料，小组汇报人予以详细解说，强调内联升创始人"履中备载"的意义和内联升布鞋的制作工艺。

内联升牌匾

思：百年老店内联升的经营之道，让学生明白"民族的就是世界的"。

PPT展示老字号品牌的前世今生。让大家在讲述的过程中了解中华老字号的成功秘诀，帮助学生树立工匠意识，并从中华老字号成功的案例学习中领会什么是工匠精神。

讲：学生总结并分享课堂学习收获。

通过学生分享自己的学习收获或体会，教师可以直观了解课堂教学的效果和得失，从学生的分享中找到适合新时代学生学习兴趣的教学方法和途径。在学生学习效果的反馈中，及时调整并改善自己的教学方式，达到逐步改善课堂生态、提高教学效果的目的。

流程3：课后拓展

（1）收集全家的合影，在班级展览。联系家风家教内容，结合家庭照片，给同学们讲讲你们家的优良家风。

（2）由学习名人家风家训故事到联系自己家的实际情况，在分享中找到融于自己生活中的优良家风，并加以传承和发扬。名人家风家训会无意识地融入学生生活和思想中，并得以传承和发扬。

活动亮点

本次活动策划，按照课前准备、课中展示、课后拓展的模式，通过做、思、讲、悟、行等环节设计，让学生在动手收集资料、策划活动、组织演练等沉浸式学习环节中学习知识，感悟实践。活动根据职业院校学生的特点，充分发挥学生的主观能动性，激发学生参与的积极性和主动性，很好地体现了教师主导、学生主体的教学活动原则。

本次活动将课堂由学校拓展到家庭，使学生在学习知识的基础上，自觉发现和寻找自己家的优良家风，很好地实现了优秀传统文化的传承，较好地实现了教学目标。

注意事项

1. 本次策划活动分成三个小组，以不同的形式来完成，组织和排练都需要经过充分准备，沟通和协调工作任务较重，任课教师一定要及时跟进，以免活动因为协调不力无法完成。

2. 教师应及时关注学生学习过程中表现出来的优点和长处，及时予以鼓励和肯定，并将课堂学习和生活实际有机联系起来，激发学生学习的兴趣和主动性。

3. 家风家训活动是一个长期的持续性的活动，教师要利用多媒体教学平台，推荐学生阅读相关书籍，不断巩固和深化学习的效果，使传统文化的传承真正落到生活细节和生活习惯中，而不是流于形式。

（策划人：兰州职业技术学院基础教学部　侯桂秀）

悟国画意蕴，习书法技艺
——"中国书画艺术"活动设计方案

🌀 活动主题

具有悠久历史的中国传统书画艺术，传承着华夏文明，也是中华优秀传统文化的重要载体。品读书画艺术就是从培养学生兴趣的角度出发，先让学生掌握正确的书画作品题材与技法的分类，再从整体到局部、从外部的表象到内在的联系，开阔学生的思维，促进其智力和才能的发展，切实感悟到书画艺术作品中的气势意蕴；通过研习创作书法作品，则培养学生的动手能力与表现能力，通过书画艺术主题实践活动，培养学生以书画作品的特有形式来表达自己的内心与情感寄托、对理想的描绘和对美好事物的讴歌。

🌀 活动目标

知识目标

研习品读中国书画艺术作品，了解国画的题材分类、创作技法分类；通过了解作品中的线条，进一步领悟书画家们创作时蕴含的情感、所展现的深厚底蕴，以及中国书画作品特有的气韵与意境。

技能目标

娴熟掌握不同的书体对毛笔笔毫软硬程度的不同要求；掌握基本的用笔、点画、结构、分布（即行次、章法）等表现手法；能够品读传统书画的气势、意态、韵律与墨出五彩中的意境格调与境外生象；培养学生的动手能力，让其在具体实践中切实体会到历代书法名家们在成功道路上的执着、专注与追求卓越的精神。

素养目标

领悟中国书画作品所蕴含的中华人文精神、中华民族所特有的气质和中国人锲而不舍、持之以恒的崇高品格；体验书法作品的创作过程，进一步推动高校书法教育的健康和深入发展；感受书画艺术的魅力，让学生珍视传承中华优秀传统和弘扬民族精粹，进一步增强文化自信，厚植爱国情感。

活动对象

以班级为单位集体参与，主持人为任课老师，建议将本班学生分为 3 ～ 5 组开展活动。

活动形式

以课堂活动为主、课后作业为辅的形式完成；也可以组织参观书画展览，或观摩书画团体组织的专业书画家笔会，目睹书画作品的创作过程。

活动时间

合计 2 课时（90 分钟），不包括参观书画作品展览或组织学生参加一些专业书画笔会的时间。

活动准备

（1）主持人应提前一周公布实践活动时间，划定活动小组；

（2）主持人要以 PPT 的形式展示传统书画分类、传世书画精品的作者简介、创作背景、艺术特色与成就的相关内容；

（3）各活动小组指定负责人，组织小组成员利用网络、媒介等渠道，收集中国传统书画艺术的相关素材（见图 10 - 1）；

图 10 - 1　分组准备

（4）各活动小组发挥集体智慧，群芳争艳"为传统书画艺术"代言，挖掘并发挥成员的一技之长，以书画艺术为主线，通过短视频在活动现场，从不同角度展示与众不同的书画艺术风采。

活动流程

流程1："你问我答"环节

开场白：中国传统书画的特征，讲究"以形写神"，追求"妙在似与不似之间"的感觉；讲究笔墨神韵，笔法要求平、圆、留、重、变，墨法要求墨分五色——焦、浓、重、淡、清；讲究"骨法用笔"，不讲究焦点透视，不强调环境对于物体光色变化的影响；讲究空白的布置和景物的"气势"。中国书画讲究形式美，构图不受时间、空间限制，也不受焦点透视的束缚，画面空白的运用独具特色。下面进入"你问我答"环节，请同学们从以下传世的书画精品中，各小组以笔墨技法和表现题材为标准，推选代表分别说出它们是哪一类作品。

从中国书画作品不同的装裱形式（如立轴、屏条、对幅、横批、手卷、册页与扇等）、创作媒介（如笔墨纸砚的选择与应用）、笔墨技法（如工笔画、大写意、小写意等）、书画题材（如花鸟、山水、人物等），以及题款、印章等方面入手，准备8～10道题，开始各小组的必答环节。

你问我答1　按书画装裱分类，作品1（图10-2）属于（　　　　）

你问我答2　按书画装裱分类，作品2（图10-3）属于（　　　　）

你问我答3　按书画装裱分类，作品3（图10-4）属于（　　　　）

你问我答4　按书画装裱分类，作品4（图10-5）属于（　　　　）

你问我答5　按书画装裱分类，作品5（图10-6）属于（　　　　）

你问我答6　按书画装裱分类，作品6（图10-7）属于（　　　　）

你问我答7　按书画笔墨技法分类，作品7（图10-8）属于（　　　　）画

你问我答8　按书画笔墨技法分类，作品8（图10-9）属于（　　　　）画

你问我答9　按书画笔墨技法分类，作品9（图10-10）属于（　　　　）画

你问我答10　按书画笔墨技法分类，作品10（图10-11）属于（　　　　）画

图10-2　"你问我答"作品1

图 10 - 3 "你问我答"作品 2

图 10 - 4 "你问我答"作品 3

图 10 - 5 "你问我答"作品 4

图 10-6 "你问我答"作品 5

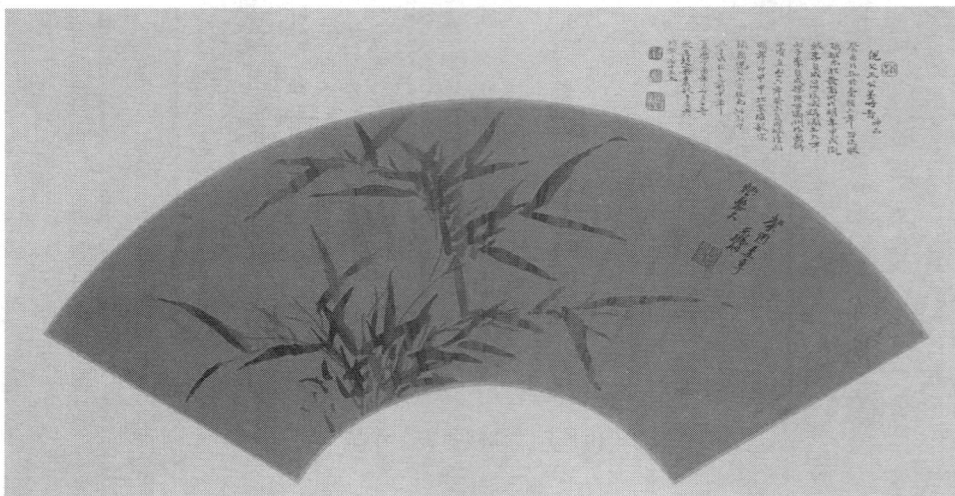

图 10-7 "你问我答"作品 6

图 10-8 "你问我答"作品 7

图 10-9 "你问我答"作品 8

图 10-10 "你问我答"作品 9

图 10-11 "你问我答"作品 10

流程 2："你来我往"环节

根据"你问我答"环节各小组得分情况，按得分从高到低的顺序，依次进入"你来我往"环节，得分最高的优先答题（见图 10 - 12）。获胜小组成员分别列举历代传世的书画名家及其代表作，这个环节小组成员全部参与，成员之间回答问题的间隔不能超过10 秒，如果所有成员超过 10 秒仍然不能作答，就换下一个小组开始列举（列举一个得1 分）。

图 10 - 12　"你来我往"环节

流程 3："风采展示"环节

各活动小组分别展示，或以 PPT、短视频等不同方式，为传统书画艺术推介代言，并选派一位代表现场解说；参与实践活动的全体学生为评委，现场打分（10 分制）。

流程 4："躬行践履"环节

第一步：讲——简单讲述毛笔的性能与用途，让学生了解创作书法作品中毛笔、宣纸的选用，还要指导学生养成良好且规范的书写姿势和执笔姿势，以及用笔时恰如其分的力度。

第二步：选——让学生根据自己擅长的书体来选用合适的毛笔、宣纸，以此检验学生对宣纸性能的掌握程度。

第三步：做——指导学生根据创作意图，确定书写作品的内容、规划作品的章法。由于一幅没有印章的书画作品，不算完整的作品，因此需帮助指导学生，摹画篆文名章，使其完成一幅完整的书法作品（见图 10 - 13）。

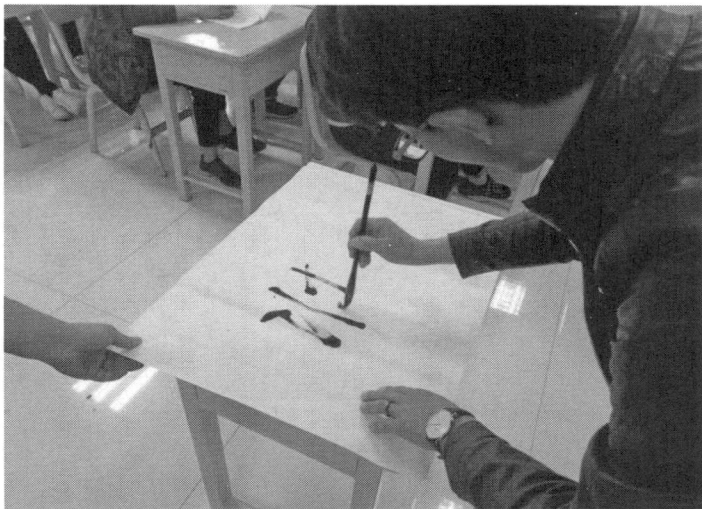

图 10 - 13 "风采展示"环节之做

第四步：送——根据赠送对象，指导学生书写其作品的上下款，让学生基本掌握书法作品中不同风格的题款，特别是创作书法作品中，独特的年月日的描述（见图 10 - 14）。

图 10 - 14 "风采展示"环节之送

第五步：评——从作品的章法布局、用笔力度、题款风格等方面，主持人或邀请他人，对突出的书法作品进行现场点评，旨在进一步巩固书画实践活动效果（见图 10 - 15）。

第六步：记——互相以视频或照片、文字等形式记录实践活动全过程，尤其是记录"做"和"送"两步，并要求大家撰写此次实践活动的心得。

图 10-15 "风采展示"环节之评

活动拓展

（1）为进一步完善此次实践活动，利用合适的时间、地点，组织学生参观一次书画作品展览，在现场详细品读传统书画艺术的技艺、领略传统书画艺术的底蕴，检验实践活动的效果。

（2）为巩固此次实践活动的效果，以课外作业的形式，开展学期书法名帖临摹活动，以学期活动的形式延续。书法临摹的范本，指导学生应首选古代经典的碑帖。

（3）可以选取硬笔书法。硬笔书法可以选择当代名家的字帖，也可以选取古代经典小楷字帖，也就是"古帖新临"，达到提高学生硬笔书法水平的效果。

（4）练字量要求每日硬笔书法练习纸一页（约140字），或毛笔书法练习纸两页（约48字），每天坚持，才能写一手漂亮的钢笔字。

（5）检验方式就是每天固定时间，在学习通的班级群打卡，同时提交相关内容，应为临写经典书法作品，需要同时上传字帖内容和临写的作品。其目的就是让参加实践活动的每一位学生，练就一手漂亮的字。

活动亮点

（1）重拾乐趣。如今，书写已被电脑打字取代，练书法可以让学生重新体会书写的乐趣。

（2）重建自信。长期练书法可以从汉字一笔一画中，看到书写水平的点滴进步，一而再，再而三，日积月累，特别是如果自己的努力，获得了他人的鼓励，可以获得自信。

（3）重树耐力。长期练书法，需要坚持，更需要毅力，耐心就是其中的标配。

（4）重组时间。长期练书法，可以把碎片化的时间，争分夺秒地进行重新组合和利用。

（5）重铸习惯。现代社会上的种种诱惑让我们分心，一旦有了一个可以专心致志的、修养心性的事，就不会顾及那些诱惑了。

（6）重回健康。身体有恙，都是来自平时的不良习惯，但很多不良习惯也许无法改变，也没有足够的条件去改变，那么，在这种情况下，至少可以通过练书法，让自己的心静下来。心静，则气顺。尤其练习书法，多为站立，定会避免学习工作中，由于久坐带来的各种颈椎病、腰痛等。

（7）重温情趣。练书法，书写的内容多是诗词赋，正好是重新读书的好机会，而且是读自己喜欢的书，并将其书写于宣纸之上，这就是人生的乐趣。

（8）重现效果。长期练书法，有益身心健康，即以文养性，以性养德。所以书家多有气质，这气质就是书画艺术的张力，也是综合素质的体现。

注意事项

1. 在"你问我答"与"你来我往"的环节中检验的是同学们书画艺术知识的储备情况，这方面还需提前做好准备；

2. 环环相扣的"躬行践履"环节，意在让学生在掌握书法用笔、用纸的基础上付诸实践，创作一幅属于自己的书法作品，使他们真正体验"纸上得来终觉浅，绝知此事要躬行"。学生尚缺乏这方面的实践经验，可建议学生课外多练笔。

3. 无论是提高书画艺术素养，还是提高汉字书写水平，这些都绝非"一日之功"，需要长期的日积月累与持之以恒、笔耕不辍的耐心与毅力。

总之，长期品读研习书画艺术，特别是书法艺术实践，完全由个人自己来完成的艺术，从内容选择、道具使用、创作过程，到自我鉴赏，就是一个学习传承中华优秀传统文化的过程，希望同学们以此次书画艺术实践活动为契机，做传统书画艺术的弘扬者与实践者。

你问我答参考答案：

（1）屏；（2）立轴；（3）中堂；（4）对联；（5）册页或手卷；（6）扇面；（7）工笔花鸟；（8）写意山水；（9）写意花鸟；（10）工笔人物。

（策划人：兰州职业技术学院党委学生工作部　赵继东）

赏戏曲精粹，悟梨园魅力
——"中国传统戏曲"活动设计方案

活动主题

传统戏曲是中华优秀传统文化的典型代表，至今有着广大的观众，展现着无尽的活力，在新时代发挥着教育、审美等功能。本活动通过对中国传统戏曲的欣赏、讨论、现场观摩，使学生认识中国传统戏曲、感受中国传统戏曲、掌握中国传统戏曲的常识，进一步坚定文化自信、发掘中国传统戏曲的时代魅力。

活动目标

知识目标

通过欣赏、讨论、现场观摩等环节，让学生了解中国传统戏曲的功能和特点，认识不同戏曲剧种和经典剧目，掌握戏曲的基本常识。

技能目标

掌握戏曲行当的划分标准，掌握戏曲唱词的一般特点及表演技巧，增强学生的戏曲欣赏能力。

素养目标

通过近距离感受传统戏曲的魅力，弘扬民族文化，传承戏曲文化精髓，培养学生的戏曲素养，使学生爱上中国传统戏曲，坚定文化自信。

活动对象

以班级为单位集体参与。

活动形式

通过视频播放、教师解读和学生参与，开展戏曲艺术实践活动；以课堂活动为主、课后作业为辅的形式完成。

活动时间

每学期每个班级活动一次，每次 2 个学时。

活动准备

提前联系戏曲导师，视频、音频需要课前调试。

活动流程

流程 1：认识中国传统戏曲环节

1. 欣赏环节

（1）欣赏豫剧《穆桂英挂帅》中"辕门外三声炮如同雷震"唱段，由马金凤饰演穆桂英；

（2）欣赏秦腔《挂画》片段，由梁少琴饰演耶律含嫣；

（3）欣赏碗碗腔《金碗钗》中"姓陶居住桃花村"唱段，由任小蕾饰演陶小春。

2. 讨论环节

（1）教师提问。同学们观看上述三个戏曲片段，说一说戏曲带给我们怎样的感受；欣赏中国传统戏曲，主要欣赏它的哪些方面。同时思考中国传统戏曲的特点和功能是什么。请用 3 ～ 5 个词描述观看感受。

（2）学生分享。让学生从中国传统戏曲服饰的华美、唱腔的婉转、富有技巧性的表演程式，以及戏曲艺术展示的爱国主题、爱情故事等，畅谈戏曲艺术的魅力。

（3）学生小结、教师点拨。

第一个戏曲片段主要讲述穆桂英率领杨家将抵御外侮、奋勇杀敌的故事。著名豫剧表演艺术家马金凤饰演的穆桂英英武俊美，戏中大段唱腔酣畅淋漓，充满着炽热的爱国情怀，这是豫剧最有代表性的经典剧目之一。

第二个戏曲片段《挂画》是《梵王宫》中的一折，是蒲剧的代表剧目。秦腔、晋剧、京剧等都曾有过移植。秦腔《挂画》中演员应用"跷功""椅子功"等技巧表演，把一个喜不胜喜、待要出阁的少女耶律含嫣，从内心到外形刻画得淋漓尽致。我们看到的是青春少女在遇到爱情时既惊喜又慌乱的场景描摹。

第三个戏曲片段讲述大唐才子崔护与少女陶小春在美丽的春天，在桃花盛开的桃林邂逅并一见钟情。唱词把憧憬爱情的少女刻画得活灵活现，这与崔护《题都城南庄》一诗，可看作两个人物不同视角的对白。

3. 分享环节

从上述三个戏曲片段，领悟中国传统戏曲综合性、虚拟性、程式性三个特点。

（1）综合性。中国传统戏曲集文学、音乐、美术、说唱、杂技、武术、舞蹈等于一体，同时亦是时间艺术和空间艺术的综合运用。

（2）虚拟性。戏曲通过虚拟的变形手法来反映生活。

（3）程式性。戏曲的程式性主要体现在表演、身段、剧本、形式、角色、行当、音乐、唱腔、服装、化妆等多个方面。

同时，也可以看出，中国传统戏曲具有道德教化、审美和知识普及等三大功能。

（1）道德教化功能。戏曲作为礼乐教化的基本载体，被称作"高台教化"，具有劝人为善、化民成俗的积极作用，是普通大众最容易接受的俗文学之一。

（2）审美功能。中国传统戏曲是一种历史悠久的综合性舞台艺术样式。

（3）知识普及功能。中国传统戏曲具有普及历史文化知识、推行道德观念传播等作用。

流程2：中国传统戏曲互动环节

（1）认识中国传统戏曲剧种、经典剧目和代表演员。

师生在填词游戏中认识中国传统戏曲剧种、经典剧目、流行地区和著名演员（见表11-1）。

表11-1 我国传统戏曲统计表（部分）

序号	剧种	别称	经典剧目	流行地区	著名演员
1	京剧	国粹	《贵妃醉酒》《霸王别姬》	全国	梅兰芳
2	越剧		《天仙配》《女驸马》	浙江、江苏	袁雪芬
3	豫剧	河南梆子	《花木兰》《穆桂英挂帅》	河南、山东	马金凤
4	评剧	唐山落子	《花为媒》《杨三姐告状》	华北、东北	新凤霞
5	昆曲	百戏之祖	《牡丹亭》《鸣凤记》	江苏	俞振飞
6	秦腔	乱弹	《铡美案》《血泪仇》	西北五省	马友仙
7	黄梅戏		《天仙配》《女驸马》	安徽	严凤英
8	川剧		《红梅记》《琵琶记》	四川、重庆	沈铁梅
9	陇剧	甘肃道情	《枫洛池》《金碗钗》	甘肃	窦凤霞

（2）在梨园知识接龙游戏中，检验学生戏剧知识的掌握情况。

1）八大剧种之说。主要是指京剧、越剧、黄梅戏、评剧、豫剧、昆曲、粤剧、淮剧。

2）五大剧种之说。主要是指京剧、越剧、黄梅戏、评剧、豫剧。

朱慧玲老师京剧《表花》讲解

朱慧玲老师演唱示范

流程 3：观摩中国传统戏曲环节

1. 现场观摩

外聘戏曲导师表演秦腔折子戏《三娘教子》中"老哥哥，你叫他跪着跪着"一段（见图 11-1、图 11-2），请同学们欣赏。

图 11-1　秦腔折子戏《三娘教子》剧照

图 11-2　秦腔折子戏《三娘教子》剧照

其唱词为：

老哥哥，你叫他跪着跪着，

薛保一旁拿言荐，

春娥心内自详参。

我有心不把冤家管，

数年心血一旦完。

罢、罢、罢，念在薛郎面，

再把儿男教养一番。

端一把椅儿坐机前，

不孝的奴才听娘言。

娘为儿白昼织布夜纺线，

一两花能挣几文钱。

你奴才捻子带线齐揪断，

折了分量短工钱。

娘为儿周身衣衫补纳遍，

娘为儿八副罗裙少半边。

娘为儿东邻西舍借米面，

邻居们把娘下眼观。

自古道低借要高还，

还不上叫娘受熬煎。

每一日旁人用午膳，

为娘我早膳还未餐。

饿得娘眼前不住的花儿转，

无一人怜念娘可怜。

儿无有奶乳用粥灌，

可怜儿一尿一大滩。

左边尿湿右边换，

右边尿湿换左边。

左右两边齐尿遍，

抱在娘怀娘暖干。

你奴才一夜哭得不合眼，

抱在窗下把月观。

三九天冻得娘啪啦啦颤，

你奴才见月拍手心喜欢。

常言道抓儿一尺五寸真正难，

日日夜夜受熬煎。

你奴才今日长大了，

把为娘恩情一旦完。

手执家法将儿打，

活活地打死你小冤家。

2. 现场教授

（1）故事情节。秦腔传统折子戏《三娘教子》，又名《双官诰》《机房训》《忠孝节义》，改编自明末清初戏曲家、小说家李渔《无声戏》中的一回。后被各剧种移植演出，其中秦腔、蒲剧、京剧影响最大。

故事主要讲薛之约有一妻两妾，妻张氏，妾刘氏、王氏，刘氏生了一个儿子叫薛倚哥，张氏生妒，家庭不和。薛之约往苏州访友，途中行医收王文为徒，圣上患疾，广求名医，薛之约被荐进京为皇帝治病。圣上病愈，封薛之约为御史，后薛之约又赴边关疗治瘟疫，升为兵部侍郎。当初薛之约离家之后，张氏和刘氏不能安分守己，做事出格，三娘王氏发现后，刘氏反诬三娘不良。王文假冒薛之约之名行医，病死店中，家人薛保误为薛之约，搬尸回家，张氏和刘氏遂弃子盗物另嫁。三娘含辛茹苦抚养薛倚哥，薛倚哥成人后得中状元，与父薛之约衣锦还乡，为三娘求回了"双官诰"御赐"忠孝节义"的牌匾。其中《三娘教子》一场为著名折子戏，常常单独演出，此折系旦角唱功戏。

（2）"四功五法"。同学们还需了解戏曲的"四功五法"。"四功"主要指演员的唱、念、做、打四项基本功。"五法"主要指演员表演时运用手、眼、身、法、步等各种技法。《三娘教子》主要为旦角唱功戏，同时出场的人物还有老生和娃娃生。

"可怜天下父母心"。这段苦情戏主要刻画了三娘为了教育儿子，将自己含辛茹苦哺育孩子的艰辛进行了倾诉，启发孩子要懂得父母的养育之恩，要自强自立。

（3）四大行当。同学们还需懂得戏曲的"四大行当"之说。戏曲角色按"行"来划分，主要分为生行、旦行、净行、丑行等四大行当，各大行当还可进行细分，如旦行还可分为小旦、正旦、老旦、花旦等。

3. 巩固环节

（1）观看秦腔表演艺术家马友仙演唱的《断桥》中"西湖山水还依旧"片段（见图 11 - 3）。

（2）观看京剧表演艺术家张火丁演唱的《锁麟囊》中"春秋亭外风雨暴"片段（见图 11 - 4）。

请同学们巩固上述知识拓展点，体会戏曲的文辞之美。

图 11-3　秦腔折子戏《断桥》剧照

《断桥》唱词为：

西湖山水还依旧，

憔悴难对满眼秋。

霜染丹枫寒林瘦，

不堪回首忆旧游。

想当初在峨眉依经孤守，

伴青灯叩古磬千年苦修。

久向往人世间繁华锦绣，

弃黄冠偕青妹佩剑云游。

按云头现长堤烟桃雨柳，

清明节我二人来到杭州。

览不尽人间西湖景色秀，

春情荡漾在心头。

遇官人真乃是良缘巧凑，

谁料想贼法海苦作对头。

到如今夫妻们东离西走，

受奔波担惊慌长恨悠悠。

腹中疼痛难忍受，

举目四海无处投。

眼望断桥心酸楚，

手扶青妹下桥头。

图 11 - 4　京剧《锁麟囊》剧照

《锁麟囊》唱词为：

春秋亭外风雨暴，
何处悲声破寂寥。
隔帘只见一花轿，
想必是新婚渡鹊桥。
吉日良辰当欢笑，
为何鲛珠化泪抛。
此时却又明白了，
世上何尝尽富豪。
也有饥寒悲怀抱，
也有失意痛哭号啕。
轿内的人儿弹别调，
必有隐情在心潮。

4. 导师讲解

《断桥》是《白蛇传》中的经典一折，故事情节大家都了解。这段唱段前四句描绘了一幅深秋的凄冷景象，中间数句回忆白蛇求道苦修以及遭遇爱情的过程，后半部分叙述她为爱情奔走的决心。

了解戏曲唱词的基本特点，戏曲唱词基本为七字一句或十字一句，两句为一八段。基本遵循平仄对仗的规则。

请同学们再次体会碗碗腔《金碗钗》中的四句唱词：

姓陶居住桃花村，
茅屋草舍在桃林。

桃夭虚度访春讯，

谁向桃园来问津。

流程4：感受戏曲魅力环节

1. 引子和定场诗

要看懂戏曲故事，还需要特别关注戏曲的开场——引子、定场诗和坐场白。

剧中主角第一次上场时，半念半唱一些韵文结构的词句，这叫念"引子"，它笼统地自述角色的心情、处境、身份、经历、性格，抒发主角的志趣、抱负、情绪等。念完"引子"后还要念四句诗（多为七言体），即为定场诗，其内容大半是介绍剧中特定情景和人物的思想感情。"坐场白"是主要角色念完"引子""定场诗"以后所念的一段独白，内容是介绍人物的姓名、籍贯、身世以及当时的情况、事件过程、心理活动等。这些都是戏曲特殊的表现手法，在传统戏曲中被普遍运用。

2. 戏曲绝活

（1）吹火。秦腔《游西湖·鬼怨·杀生》一折中的"吹火"表演，演员一会儿吹长火，一会儿吹短火，一会儿吹翻身火，竟然能一口气吹出48团火。一时间，舞台上烟雾缭绕，台下掌声雷动。观众在惊叹演员"吹火"绝技的神功时，也深深地被这一技巧所折服，因为它不但能准确表达人物的情绪，刻画人物的内心世界，还具有推动剧情发展的无穷魅力。也正是由于这一绝技的巧妙应用，才成功塑造出了身虽死、情未了的复仇女神形象（见图11-5）。

图11-5 秦腔折子戏《游西湖·鬼怨·杀生》剧照

（2）川剧变脸。川剧变脸大体分为三种："抹脸""吹脸""扯脸"。此外，还有一种"运气"变脸。

"抹脸"是将化妆油彩涂在脸的某一特定部位上，到时用手往脸上一抹，便可变成另外一种脸色。"吹脸"只适合于粉末状的化妆品，如金粉、墨粉、银粉等。"扯脸"是比较复杂的一种变脸方法。它是事前将脸谱画在一张一张绸子上，每张脸谱上都系一根丝线，再一张一张地贴在脸上。丝线则系在衣服的某一个顺手而又不引人注目的地方（如腰带上）。随着剧情的进展，演员在舞蹈动作的掩护下，一张一张地将它扯下来。"扯脸"难度较大，一是粘脸谱的黏合剂不宜太多，以免到时扯不下来，或者一次性地把所有的脸谱都扯了下来。二是动作要干净利落，假动作要巧妙，能够遮掩观众眼目。"运气"变脸是演员憋气使脸色呈现不同的颜色。

3. 课后作业

欣赏越剧《梁山伯与祝英台·十八相送》电影版，主演袁雪芬、范瑞娟。

活动拓展

认识戏曲服饰和戏曲脸谱。

活动亮点

关注地方戏曲，拉进与学生的亲近感，如介绍甘肃当地的道情或贤孝戏；突出戏曲的基本常识，促进学生对戏曲常识的掌握；引导学生理性思考戏曲的主题表达，以及审美艺术鉴赏。

注意事项

所有欣赏视频、导师现场表演的伴奏，均需事先调试；活动场地最好选在演播厅，场地较大，既便于学生分组，也方便导师现场表演。

（策划人：兰州职业技术学院学报编辑部　苏文力）

承非遗雅韵，强文化自信
——"我们的节日·活态非遗"活动设计方案

活动主题

习近平总书记指出，中华民族在几千年历史中创造和延续的中华优秀传统文化，是中华民族的根和魂。建立在 5000 多年文明传承基础上的文化自信，是更基础、更广泛、更深厚的自信。要让收藏在禁宫里的文物、陈列在广阔大地上的遗产、书写在古籍里的文字都活起来。非物质文化遗产，与我们的生活密切相关，世代传承。为分享保护和传承文化遗产成果，弘扬传统文化，传承中华文明，我们依托非物质文化遗产学院各专业，以端午、七夕、中秋、重阳等传统节日为契机，策划了"我们的节日·活态非遗"一系列分享活动，意在多角度展示非遗文化即传统技艺和相关文创开发的成果，通过形式多样、内容丰富的展览、展示和互动，增强师生、社会公众对传统文化非遗技艺的认知和参与，自觉传承和传播优秀传统文化，提升文化自信，增强文明自觉。

活动目标

知识目标

引导学生认识我国的非物质文化遗产；引导学生能够在日常生活中，了解家乡的非物质文化遗产，培养学生的责任意识，传承和保护家乡的非物质文化遗产。

技能目标

借助形式多样、内容丰富的展览、展示和互动，开展"记忆非遗"甘肃重点非遗项目影像展、实物展、线上展；非遗传承人开展教学指导和互动体验，现场讲述、演示、分享重点非遗项目保护和知识传承，促进非遗学院师生专业水平和实践能力的提升，增强社会公众对传统文化非遗技艺的认知。

素养目标

挖掘传统节日的内涵，将传统价值对接时代需要，激活传统文化的生命力，充分展示非遗保护工作成果，弘扬社会主义核心价值观，丰富人民精神文化生活，进一步助推非遗技艺的传承与发展。

活动对象

全体学生。

活动形式

线上展览、现场展览、体验、协作、展演、直播。

活动时间

根据各地各校实际情况安排。

活动准备

（1）活动的合理组织，参与的人员、时间、场地的安排；

（2）材料的准备、展板的制作、节目的排演；

（3）非遗传承人的邀请、活动的宣传。

系列活动设计

部分系列活动见表 12-1。

表 12-1 "我们的节日·活态非遗"部分活动

序号	时间	活动名称
1	××××年3月	我们的节日·活态非遗——清明节·时光里的中国
2	××××年4月	我们的节日·活态非遗——活态非遗，云上传承，清明追远，祈愿祝福系列体验分享活动
3	××××年6月	我们的节日·活态非遗——端午·求索
4	××××年6月	我们的节日·端午——活态非遗展示分享系列活动
5	××××年6月	我们的节日·活态非遗——端午·诗歌里的中国
6	××××年6月	我们的节日·活态非遗——××××文化和自然遗产日特别活动莫高窟与吴哥窟的对话
7	××××年8月	我们的节日·活态非遗——七夕节·服饰里的中国
8	××××年9月	我们的节日·中秋——皮影与电影的相约
9	××××年9月	我们的节日·活态非遗——中秋·感遇，当书法遇见敦煌 / 小品展"经境——取法敦煌写经书法"
10	××××年10月	我们的节日·重阳——兰州太平鼓 VS 武山旋鼓

▌▌ **分活动 1：我们的节日·活态非遗——清明节·时光里的中国**

☁ 活动主题

　　本次活动是中国传拓艺术的依次展示与传习。以"清明节·时光里的中国"为基点，通过非遗传承人面对面、手把手地展示中国传拓技艺，让广大市民群众特别是青年学生近距离接触非遗文化项目。深度了解、理解非遗的文化价值，自觉传播和传承优秀传统文化，增强城市文化自信和文明自觉。

☁ 活动目标

知识目标

　　由本期非遗嘉宾童定家先生（中国书法家协会会员、西北师范大学美术学院兼职教授、甘肃金石篆刻研究院院长、甘肃印社社长、金城文化名家）现场讲授指导，示范传拓技艺。

技能目标

　　学生现场实现传拓体验并能进行简单的操作；非遗爱好者可通过指定直播平台在线观看现场活动直播，与非遗老师一起学习传拓技艺。

素养目标

　　了解和理解非遗人的艰辛与荣耀，树立人人都有责任和义务守护非遗资源的意识，并将其宣传出去、传承下去。

☁ 活动对象

　　学生、非遗爱好者。

☁ 活动形式

　　以现场教学及网络直播相结合的方式。

☁ 活动时间

　　3～4 小时。

☁ 活动准备

1. 知识储备

传拓介绍。传拓，是我国一项古老的传统技艺，是以纸和墨为材料，将碑文、器皿上的文字或图案，拓印在纸上的一种技法。是中华民族珍贵的非物质文化遗产。

中国古代史志《隋书·经籍志》中说，汉魏石经的"相承传拓之本，犹在秘府"，可见，拓本在隋以前就已经存在。因有拓片传世，才能真实地展示文物的原貌，它是印刷、摄影及其他技术不可替代的。

2. 媒体支持

《兰州日报》《兰州晚报》《兰州晨报》、兰州广播电视台、爱兰州、每日甘肃网、中国甘肃网、《中学生导报》（见图 12 - 1）。

图 12 - 1　媒体支持

活动流程

流程 1：现场教学及网络直播。

流程 2：非遗嘉宾童定家先生现场讲授。

流程 3：非遗嘉宾童定家先生示范传拓技艺。

流程 4：非遗嘉宾童定家先生指导现场学生和其他非遗爱好者实操。

分活动 2：我们的节日·中秋——皮影与电影的相约

活动主题

皮影是国家级非物质文化遗产，是动态影像艺术最早的呈现方式，历史悠久，被认为是电影的源头。法国卢米埃尔电影博物馆收藏了来自中国兰州的皮影戏器具，并称之为"电影的先驱"。甘肃环县道情皮影，器具精美，表演精湛，音乐动听，保留了原生态艺术的独特魅力。在其基础上，艺术先辈们研究创立了甘肃独有的地方戏曲剧种——

陇剧。以国家级非遗传承人史呈林为代表的皮影艺人，长年坚持演出，传承皮影艺术，足迹广布各地，在国内外享有盛誉。

电影作为全世界最受大众喜爱的艺术形式，在文化传承、文化传播和文化建设方面，具有其他艺术无法代替的巨大影响力。中国电影正在高速发展，在不断创作精品力作的过程中，也在不断增强文化自信。

皮影与电影的相遇，有着超时空穿越的意趣，也是一场光影与光影的精彩对话，基于此，我们策划了本活动。

活动目标

知识目标

掌握皮影与电影的基本知识，了解二者的相同与不同之处。

技能目标

观看国家级非遗传承人展演环县道情皮影经典剧目，看得懂"非遗"题材电影，能辨识非遗的可贵之处。

素养目标

深度了解、理解非遗的文化价值，自觉传播和传承优秀传统文化，增强城市文化自信和文明自觉。打破时间、空间的限制，打通民间艺术与现代艺术的阻隔，让我国的非遗资源重新焕发生机。

活动对象

面向全院学生、学院团委及相关社团、各系教师及相关领导。

活动形式

展览、展演；现场体验及网络直播相结合。

活动时间

2天。

活动流程

流程1：举办甘肃皮影生态纪实摄影展

甘肃省摄影家协会副主席、甘肃省青年摄影家协会主席范宏伟长年关注甘肃皮影艺术生态，拍摄了大量纪实照片，展出部分作品。

流程 2：举办环县道情皮影现场展演

国家级非遗传承人史呈林先生与庆阳市级非遗传承人许明堂，展演环县道情皮影经典剧目，让黄土塬上的"吼塌窑"再一次在都市唱响（见图 12-2）。

图 12-2　活动现场

流程 3：举办"非遗"题材电影放映

"学习强国"平台推荐、观众口碑爆棚的音乐纪录电影《大河唱》，讲述 5 位甘肃、宁夏民间艺人与现代摇滚音乐人苏阳之间的真实故事。

活动准备

（1）邀请专家及国家级、省市县级非遗传承人 5～7 位。

（2）联系媒体，如《兰州日报》《兰州晚报》《兰州晨报》、兰州广播电视台、爱兰州、每日甘肃网、中国甘肃网等做好同期报道与宣传。

活动亮点

1. 探索前行，开启非遗传承新篇章

为响应国家对中国传统文化及非物质文化遗产保护、传承的号召，切实发挥高校先进文化传播主阵地作用，助力地方创建全国文明城市。

2. 集中展示非遗魅力，与在校师生和广大市民互动体验

为弘扬社会主义核心价值观，弘扬民族优秀传统文化，非遗的保护和传承是一项科学化、系统化的工程，为了让非遗换发生命活力，本次系列活动将清明、端午、七夕、中秋、重阳等传统节日为前后时间节点，多角度展示本地地域非遗文化暨传统技艺和相关文创开发的成果。通过形式多样、内容丰富的展览、展示互动，体验地方非遗项目；非遗传承人开展教学指导和互动体验，现场讲述、演示、分享重点非遗项目保护和知识传承；民歌、曲艺、舞蹈类非遗项目集中展演；组织开展网络"云传承"。增强社会公众对传统文化非遗技艺的认知参与。活动还安排了青少年学生近距离接触非遗文化项目，深度了解非遗文化价值，传承和传播优秀传统文化。

3. 深化专业，特色培育，突出内涵发展

非遗学院正好结合办学实际，挖掘特色，创新培养，突出非遗传承。利用现有的"古籍修复技艺省级传习所""省中华优秀传统文化传承基地""省职业教育技艺技能传承创新工作室—洮砚雕刻技艺传承创新工作室"等资源，为本省本地市非遗保护的可持续发展培养特色人才。活动依托非物质文化遗产学院，以专业特色为亮点将洮砚雕刻、剪纸技艺、雕刻葫芦技艺、传统年画技艺等非遗代表性项目嵌入活态非遗系列活动，旨在深入挖掘传统文化，挖掘传统节日的内涵，将传统价值对接时代需要，弘扬社会主义核心价值观，丰富人民精神文化生活，进一步助推非遗技艺的传承与发展。

注意事项

1. 以上活动必须紧扣传统节日以及地方民俗展开；
2. 活动范围可以从本院拓展延伸到兄弟院校，也可与省市相关部门联手举办；
3. 活动结束可以大力宣传，为我国的非物质文化遗产鸣锣开道、吸引人才。

（策划人：兰州职业技术学院非物质文化遗产学院　马荣）

家乡美食秀，由我来打卡
—— "寻味家乡短视频制作"活动设计方案

活动主题

所谓思乡，除却对父母亲人朋友的想念，还有一部分恐怕源于对家乡味道的深深眷恋，那是我们根植于味觉的乡情。就让我们去寻找家乡味道，通过加深对家乡饮食文化的认知，着力宣传家乡美食，用我们的独特视角呈现这一份浓郁的乡情，从而让更多同学了解自己家乡的饮食文化魅力与价值，以此为媒推介家乡味道。透过美食镜像，挖掘蕴藏在地域文化深处的遗传密码和文化图景，从家乡饮食文化的角度解读传统风俗、伦理道德、审美情趣。

活动目标

知识目标

了解饮食文化知识；了解甘肃地域饮食文化；深度探寻家乡味道，解读其中深层次的文化意蕴。

技能目标

精准选题，小组成员分工明确，强化团队合作意识；拍摄清晰有质感的画面，文案创作突出亮点；运用剪辑软件完成后期制作。

素养目标

着眼家乡美食，感受生活中点点滴滴的美好，沉淀浓浓乡情，引导学生关注自己的家乡，借宣传推广乡的味道，提升文化自信。

活动对象

全体学生。

活动形式

课内课外结合，小组协作，研究性学习。

活动时间

前期准备大约两周，课堂展示控制在两节课。

活动准备

本次活动主题设定为"寻味家乡"，带有比较鲜明的地域特色，突出地方饮食文化成为活动的侧重方向，活动策划可以结合本校学生的生源地做相应的调整。下面我们以甘肃为例。

1. 认知与体验——甘肃美食知多少

身处甘肃，你会被雄浑壮阔的西北风情引得瞬间失神，"大漠孤烟直"的苍凉雄阔亦会让你心潮澎湃，此外，甘肃当地的特色美食必然让你意犹未尽。

甘肃美食初认识——下列家乡味道（见图 13-1、图 13-2、图 13-3、图 13-4、图 13-5、图 13-6）分别出自何地？

图 13-1 （　　）鸡汤糊锅　　　图 13-2 （　　）三套车　　　图 13-3 （　　）手抓羊肉

图 13-4 （　　）小饭　　　图 13-5 （　　）驴肉黄面　　　图 13-6 （　　）牛肉面

2. 内化与认同——带你了解甘肃地域美食

甘肃位于西北内陆腹地，地处黄河上游，位于黄土高原、青藏高原和内蒙古高原的交汇地带。甘肃地形呈狭长状，地域跨度大，地貌复杂，气候类型多样，因此植物类食材丰富，包括油料作物、淀粉类作物和酿造类作物1000多种，此外，还有许多名贵的野生作物，如蕨菜、木耳、发菜、蕨麻等。除植物资源外，甘肃的动物资源也十分丰富，除常见的牛、羊、猪、鸡外，比较有特色的有骆驼、藏羊、蕨麻猪、静宁鸡等。

甘肃的文化亦呈现多元性，地方特色与民族风情相结合，因此甘肃饮食自成一派，粗略划分，可以分为以敦煌为代表的西部饮食文化；以兰州为代表的中部饮食文化；以陇南为代表的南部饮食文化和以甘南为代表的藏族饮食文化。

（1）甘肃西部。

甘肃的西部是古丝绸之路的重要一环，也是两汉时期对外的交通要道，所以甘肃西部的饮食文化颇有"胡风"，一些食物原料由异域传入，如葡萄、胡萝卜、胡椒等。敦煌作为丝路重镇，曾经的敦煌饮食文化极度繁荣，在敦煌壁画和古籍文献中就多有记载。甘肃西部人民喜食牛羊肉和鸡肉，对面食制作尤其讲究。譬如有名的敦煌黄面，细如龙须，长如金线，香味四溢；还有凉州的鸡肉垫卷子，颇有特色。

（2）甘肃中部。

以兰州为代表的甘肃中部是甘肃饮食文化的集大成之地，兰州作为甘肃的省会城市，具有更大的融合性，饮食方面兼具甘肃东部与西部的特色，具有淳厚悠长、品类丰富的特点。甘肃中部饮食以面食为主，喜食酸咸辛辣。兰州更是因为一碗讲究"一清二白三红四绿五黄"的牛肉面而声名大振。甘肃中部清真食品品种繁多，面食、小吃以及各种菜肴不胜枚举，仅羊肉就有手抓、清蒸、黄焖、爆炒、清炖等若干种做法。

（3）甘肃南部。

以陇南为代表的甘肃南部，与四川和陕西相邻，因风景秀美，气候宜人，素有"陇上江南"之称。陇南地区多以玉米、莜麦等杂粮为主食，口味偏辣，烹制菜肴习惯加入辣椒、花椒、生姜等调料提味，从而使得当地的饮食兼有川味和陇南特色。著名的小吃有洋芋搅团、面皮、豆花、荞麦面、锅盔等。

（4）甘肃西南部。

甘南藏族自治州被誉为"中国的小西藏，甘肃的后花园"。甘南地处甘肃西南部，内有山区、丘陵、草原，气候温和，畜牧资源丰富，甘南的藏民主要以牧业和半农半牧为主，保留了特色浓郁的藏族传统饮食。他们的主食首推酥油糌粑，蕨麻米饭也很是特别。经常喝的有酥油茶和沃奶子，所谓"沃奶子"就是纯牛奶发酵的酸奶。

总体来看，甘肃饮食文化底蕴深厚，具有典型的区域特征。甘肃特产食物原料丰富，饮食结构中肉食占比较大，主食以面食为主并衍生出多种形态，烹饪方法中以烧烤最为突出，还融入了少数民族饮食生活特色。

活动流程

流程 1：探寻美食老字号

每个人的家乡，一定会有那么几家历史悠久、具有深厚文化底蕴的美食老字号。这些传承了几辈人的手艺背后，是否有一段或感人至深或催人奋进或意蕴深远的故事？尝试挖掘它，并整理还原这些美食名店的发展历史，借以探寻美食所包含的复杂的文化意义。饮食作为一种非语言的信息传递方式，每种饮食传统一定凝结了当地人们看问题的特定角度、独特的思维模式以及生活方式，不妨将探寻美食老字号作为解读家乡饮食文化的一把钥匙。

（1）选定一家你偏爱的美食老字号；

（2）抽空去品味美食，用心体会传承了几代人的匠心独具；

（3）收集关于这家店的历史、文化、掌故；

（4）探寻美食老字号的传承密码；

（5）以此为突破点解读家乡饮食文化。

流程2："寻味家乡"短视频制作

纪录片《舌尖上的中国》让我们领略到博大精深的中华美食文化，我们也可以用美食记录生活，用镜头赞美家乡，用短视频开启我们的"寻味家乡"之旅。

短视频因其短小精悍、内容丰富且创意无限而深受年轻人青睐，现在请你以家乡美食为切入视角，以你独特的表达方式展现它的与众不同，让我们感受到美食背后强大的人文力量和文化内涵，同时借家乡味道传递你对家乡的那一份款款深情。

制作步骤：

（1）学生自由组合，以团队为单位参与实践活动；

（2）团队成员讨论确定"寻味家乡"短视频的拍摄内容；

（3）集思广益，初步商榷短视频的框架和脚本；

（4）实地考察、拍摄，若条件受限可借助网络补充资料；

（5）独立创作文案，融合选题的历史传承性、地域影响力等要素；

（6）剪辑素材并完善后期音效；

（7）课堂展示完整的短视频成果，也可以组织评选。

作品要求：

（1）内容积极向上，体现当代大学生的精神风貌，锐意进取，突出时代旋律；

（2）作品创意新颖，构思独特，尊重原创；

（3）短视频时长3～5分钟，画面清晰，声音平稳，特效适当。

通过分享，引导同学们了解中华美食存在的地域差异，凸显中华饮食文化之博大精深，加深对自己家乡的了解，注入更多深情。

知识链接

新手拍摄短视频的几个小技巧

1. 明确拍摄主题

拍摄短视频首先要确定主题，同时还要拟定视频的整体风格和感情基调。方向明确，才有利于开展下一步任务。

2. 视频清晰有质感

"工欲善其事，必先利其器。"建议使用三脚架辅助拍摄，可以保证画面清晰不抖动。

3. 学会运用延时和慢动作等特效

延时摄影是一种常用的视频拍摄手法，可以把时长10分钟的视频压缩成10秒钟，从而呈现快动作效果，这种拍摄手法可以记录时间流逝，展示物体移动，或路上的车流、日出日落等，能显得宏大、有气势。

慢动作也是一种常用的拍摄方法，如展示表情、动作、水滴、火焰、食物制作过程等，可以展现微观或者凸显细节和质感，借以营造氛围。

4. 运用光线增强画面美感

拍摄短视频时，合理的光线布局可以有效提高画面质量。比如拍摄人像时要多用柔光，增强画面美感。光线昏暗的地方建议开启闪光灯辅助拍摄。

附：

短视频脚本模板

镜头	摄法	时间	画面	台词	音乐	备注
1						
2						
3						
4						
5						
6						

流程 3：家乡味道复刻

爱美食、爱生活且动手能力强的同学，可以选择完成一道家乡风味的菜肴。食材不见得名贵，工艺不一定繁复，但一定承载着你儿时美好且温暖的记忆，复刻完成它，重温食物背后的爱与被爱。

出于安全考虑，活动场地建议借用学校食堂后厨。

活动步骤：

（1）确定复刻的佳肴；

（2）提前准备食材；

（3）煎炒烹炸显身手；

（4）请同学们品尝你的家乡味道；

（5）分享美食背后的故事。

🌀 活动拓展

同一款家乡味道，我们是否可以尝试拍摄出不同主题风格的短视频。

（1）纪录片风格，镜头充满质感，注重人文情怀的抒写和文化底蕴的呈现；

（2）突出古风古韵，向人们介绍被我们忽视已久的那些家乡文化、家乡智慧；

（3）以有温度的家庭生活日常为基底，融入香气四溢的佳肴美馔；

（4）讲述一个关于家乡味道的故事，或幽默或伤怀或温暖。

作为家乡味道的代言人，我们可以以美食为基点，以短视频为载体，融入传统文化的底色，宣传家乡文化，讲好家乡故事，借酸甜苦辣咸调出人们向往的美好生活。

🌀 活动亮点

小镜头，大世界，同学们，在参与探寻家乡味道的活动中，你对"生于斯，长于斯"的那一片故土是否有了新的认识？你们会不会惊喜地发现自己的家乡积淀着如此深厚的文化底蕴、有那么多有趣的人和事？相信你也可以成为家乡文化的推介大使，借助你的视频让更多人认识你的家乡，领略你的家乡的山、水、风、物，听你来讲家乡故事和不一样的地域美食文化。

注意事项

1. 活动任务重，需要小组成员集思广益，团结合作；

2. 拍摄短视频时行为举止文明得体；

3. 烹制美食时安全使用火、电、燃气，并确保食材新鲜，注意饮食卫生。

（策划人：兰州职业技术学院基础教学部　刘颖）

活动14 | **于方孔之间，览古今文化**
——"钱币文化展"活动设计方案

活动主题

认识中国货币，了解中国货币文化。钱币不仅是交易的媒介，更是一种文化的载体和历史的见证。中国是最早使用金属货币和纸币的国家。中国货币文化不仅是我国历史进程的实物见证，也对世界文明进程发挥过重要作用。钱是怎么来的？钱怎么在人类经济活动中发挥作用？为了普及钱币文化知识，充分利用钱币文化这个载体，使同学们更好地了解中国历史，认识中国传统文化，并对货币有一个正确的认识，形成正确的财富观、消费观和价值观，特举办本次钱币文化展。本次展览分为"古钱币""人民币（纸币）""人民币（硬币）"3大板块。

活动目标

知识目标

深入了解中国货币文化的悠久历史；了解我国政治、经济、文化的发展和沿革；探究钱币所反映的文化内涵和审美情趣、铸造技术、书法艺术等。

技能目标

掌握中国货币文化的发展历程；能区分各个历史时期具有代表性的货币；能围绕钱币文化主题开展一些探究性学习；能围绕钱币文化主题创新性地开展一些实践活动；能身体力行传播中国钱币文化。

素养目标

体验中国货币文化的博大精深，提升人文素质；增强文化自信，唤起爱国情感、民族自豪感；培养创新精神和工匠精神；增强审美水平和团队合作意识、安全意识和责任意识；增强纪律意识，展示良好的精神面貌。

活动对象

以班级为主，有条件可面向全校学生。

活动形式

展览为主。

活动时间

课内或课外，可根据具体条件和策划灵活安排，时长 180 分钟。

活动准备

1. 分工

在教师的指导下，全班先选出主持人 2 名，其他同学按活动板块分为 3 组。

各小组通过抽签选定一个板块，并选出一人为组长。各小组根据选定的板块主题积极策划并收集、整理相关素材，并由组长对小组成员进行任务分工，然后将小组成员及分工情况、主要职责填入表 14 - 1 中，以便据此开展活动。

表 14 - 1   活动分工及主要职责表

小组		板块主题	
成员及分工	姓名	主要职责	
组长			
策划			
筹备			
布展			
宣传			
讲解			

2. 准备展品

可优先筹集实物货币，若条件限制，可考虑打印彩图代替。

3. 布展

各小组根据整理的素材在教师的指导下布展，小组之间可相互参照学习。

4. 讲解

各小组选出自己的讲解员，负责对本展区内容进行相关讲解。讲解员要熟知自己的讲解内容，提前进行仪表训练，反复演练。

5. 知识储备

（1）请仔细观察以下古代货币（见图 14 - 1～图 14 - 6），并在括号里填出它们各自使用的历史时期。

图 14-1 贝币
（　　）

图 14-2 刀币
（　　）

图 14-3 半两钱
（　　）

图 14-4 通宝钱
（　　）

图 14-5 交子
（　　）

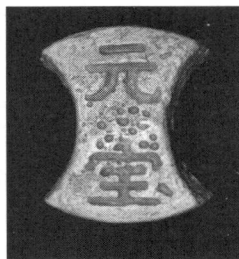

图 14-6 元宝
（　　）

（2）请填出以下古钱币（见图 14-7～图 14-12）上的钱文字体。

图 14-7 大泉五十
（　　）

图 14-8 政和通宝
（　　）

图 14-9 重和通宝
（　　）

图 14-10 开元通宝
（　　）

图 14-11 大观通宝
（　　）

图 14-12 淳化元宝
（　　）

（3）中国书法艺术精品，在钱币的小小天地里也展现着巨大魅力。我国钱文书法的大致轨迹，也大体体现了我国文字书法的演进过程，反映了我国文字书法的历史成就。

请认真欣赏以下古钱币的钱文字体（见图 14 - 13 ～图 14 - 16），并写出中国书法文化的起源和发展历程。

图 14 - 13　货布

图 14 - 14　嘉定元宝

图 14 - 15　皇宋通宝

图 14 - 16　唐国通宝

（4）请仔细观察第五套人民币（1999 年版）100 元、50 元、20 元上图案设计中采用的花卉（币值下方），并将每一种花卉在中国传统文化中所代表的精神品格和象征意义填在下面的横线上。

_____

（5）一枚小小的钱币包含着太多的要素，对其"美"的评判，就是收藏行业中常说的"品相"评价。请大量查阅材料，观察下面钱币（见图 14 - 17 ～图 14 - 19），并谈谈影响钱币"美"的因素有哪些，填在下面的横线上。

图 14 - 17　永通万国

图 14 - 18　古代花钱

图 14 - 19　崇宁通宝

（6）新中国发行的一些人民币纸币主图，是具有非常重要的历史意义的，比如第二套人民币的贰元正面主图是延安宝塔山，第二套人民币叁元的正面主图是江西省永新县龙源口大捷桥，第三套人民币贰角的正面主图是武汉长江大桥，请查阅相关的资料，并整理与它们相关的故事，与大家分享。

（7）欣赏钱币上的壮美山河。请查阅资料，整理出第四套和第五套人民币背景主图设计时都采用了我国哪些著名的风景名胜。

_____

_____

（8）分小组查阅资料，整理出第四套人民币正面主图设计时都选用了我国哪些民族人物头像，这样的设计体现了设计者的什么理念？

（9）请仔细观察并填出下列钱币图案（见图 14-20～图 14-22）中都采用了哪些中国传统文化因素，说说这些图案在中国传统文化中的象征意义。

图 14-20　古代花钱 1

图 14-21　古代花钱 2

图 14-22　古代花钱 3

（10）请仔细观察以下古钱币及其铸造技术的图片（见图 14-23～图 14-25），并查阅相关资料了解古钱币详细的铸造过程，写写你对"工匠精神"的认识。

图 14-23　制钱泥模

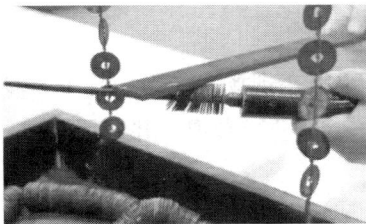

图 14-24　打磨

图 14-25　错金工艺

（11）自成体系、光彩夺目、独具特色的东方货币文化，对世界钱币文化的发展乃至人类文明的进程都做出了重要的贡献。如东亚的朝鲜、日本以及东南亚的越南等周边国家和地区，在其历史上长期使用中国货币，后来仿照我国钱币铸造圆形方孔钱。请看以下货币（见图 14-26～图 14-28），写写你对"文化自信"的理解。

图 14-26　朝鲜古钱

图 14-27　日本古钱

图 14-28　越南古钱

🌀 活动流程

流程1：展前准备

（1）教师需提前准备好场地，各小组按自己的板块主题提交可行的活动企划，并据此认真布展；

（2）道具：展板、货币实物或图片、胶水、塑料封装袋、彩笔等，具体可按活动实际准备；

（3）活动建议：三个板块最好有各自的风格，展品内容丰富多样，能满足参观者的知识和文化需求。

流程2：开幕

（1）举办开幕式，可邀请教师（或嘉宾）致辞，对本次活动的意义及价值进行说明，并宣布展览开展；

（2）活动建议：工作人员维持好秩序，会场保持安静，增强活动的仪式感。

流程3：开展

（1）观众（其他学生）分小组在现场工作组引导下入场；

（2）由讲解员引导观众分小组进行参观，并对展品进行讲解，观众有问题可与讲解员交流，教师可现场指导；

（3）活动建议：工作人员各司其职，会场保持安静，提醒学生注意自己的言行举止。

流程4：展后总结与评价

（1）由嘉宾和指导老师作总结、点评致辞；

（2）各组负责人和学生代表作交流发言；

（3）活动建议：最好做好发言文案，教师审核把关。

流程5：展后工作安排

（1）整理好展品尤其是实物货币，并确保由专人保管；

（2）各小组清理活动现场，保证场地的整洁卫生；

（3）整理活动照片、视频及相关资料，上传分享至学习平台班级空间，交流评价；

（4）活动建议：注意团队合作，注意安全，最好提前安排，责任到人。

活动总结

活动结束后，各小组可就自己板块内容的完成情况、经验等作一个书面的简短总结，并填入表14-2中，各组间分享交流。

表14-2 活动成果展示与分享表

活动成果展示与分享		
"古钱币"板块	做得好的方面	
	需完善的方面	
"人民币（纸币）"板块	做得好的方面	
	需完善的方面	
"人民币（硬币）"板块	做得好的方面	
	需完善的方面	
总结		

活动拓展

（1）探究性学习：三星堆地处西南内陆，为什么会出土了大量海贝？分小组完成学习报告，并上传至学习平台班级空间，交流分享。

（2）争当钱币文化宣传大使：分小组拍摄一些钱币文化短视频，并分享给大家。

（3）分小组收集和整理我国钱币的相关资料，发挥聪明才智，尝试一些文创产品的设计与制作，并进行成果展示与分享。

（4）请对开展"钱币文化进校园、进课堂"这种实践活动的路径给出一些可行性建议，并填入表14-3中。

表14-3 活动路径建议表

建议路径	可行性论述

（5）有条件可参观当地的钱币博物馆，体验博大精深的钱币文化，并把参观体验和感受分享给大家。

活动亮点

（1）基本梳理了我国钱币的发展历史；

（2）认识了许多不常见的中国货币；

（3）锻炼了学生的团队合作、语言表达、组织管理等综合能力。

注意事项

1.教师要求学生对本次活动思想上充分重视，准备充分，查阅大量相关材料，策划布展的同学要提前了解展览的相关知识，选出的主持人和讲解员要提前进行充分的知识储备和练习；

2.注意会场的布置要符合本次钱币文化展的主题；

3.布展时，尽量考虑用最少的经费做出最好的展览效果，多考虑因地取材；

4.活动开始时，主持人要求到场人员将手机调成震动模式或静音状态；

5.活动开始之前通知各位观众提前到场，各位工作人员更要早于观众到场；

6.为方便维持展厅的秩序，可分小组并按不同时间段进入会场参观，并由讲解员讲解参观注意事项；

7.安排专人负责实物货币的保管和使用，确保安全；

8.尽量营造严肃庄重的气氛，要求学生注意纪律和文明素质，保持对历史和文化的尊重；

9.所有的工作人员着装需得体大方，保持良好的精神面貌，举止文明，语言表达规范，最好提前做好演练；

10.教师必须做好展览内容的审核把关工作；

11.在开展活动前，各小组必须做好分工，保证每一位学生都能参与其中，都有事可做，还要有经教师审核通过的、可行的活动企划；

12.注意经费的使用，尽量节省；

13.做好线下与线上的结合。

（策划人：兰州职业技术学院汽车工程与交通运输系　宋玲霞）

桃李不曾言，未觉已成蹊
——"桃花诗词意象赏析及吟诵浸润式体验"活动设计方案

活动主题

党的十九大报告指出："文化是一个国家、一个民族的灵魂。文化兴国运兴，文化强民族强。"向认知能力强的大学生群体传送清正的文化血统，必须在精神范畴和文化领域深耕细做，传导给他们最本真、最端正的文化，树立他们的民族文化意识，培养他们的文化能力，感召他们对中华优秀传统文化的认同和礼敬。中华优秀传统文化浩如烟海、瑰丽富繁，诗歌是具有代表性的文化精华，其独具音韵与节奏之美。吟诵则是我国传统的读诗词曲赋和读文的方法，甚至可以称作中华优秀传统文化的一门绝学。所以，将诗歌与吟诵结合起来，必然会呈现非同寻常的文化特性。"桃李不曾言，未觉已成蹊——桃花诗词意象赏析及吟诵浸润式体验"活动，全力展现如何推动优秀传统文化研究与实践的思考，通过积极策划富有成效的活动形式，主动对接国家文化战略，从细处做起，传承发展优秀灿烂的中华传统文化；通过具体可感、可动、可悟的品鉴活动，来增强大学生的文化自信，使其热爱中华诗词传统文化，以立足本地、放眼世界的家国情怀自觉传承中华优秀文化和新时代红色理念为己任。

活动目标

知识目标

了解意象的普遍特征，明确"桃花"意象的文化含义，理解意象对意境塑造的作用。

技能目标

学会捕捉诗歌中的意象，并运用联想和想象体会诗歌意象的内涵。能通过意象解读诗词意境并做吟诵，吟诵时正确使用吟诵符号进行标注；能正确运用"桃花"意象开展诗词创作活动。

素养目标

体会景由情生、由景绘情的意象特征，理解意象营造意境，提高发现美、欣赏美、认同美、创造美的能力，养成对于优秀传统文化的热爱，树立文化自信。

活动形式

浸润式体验＋校内交流＋成果展览。

活动时间

3月中下旬。

活动准备

1. 活动信息准备

解决活动过程中知识信息的储备需求和活动物料的筹集任务。采用多媒体信息平台学生自学＋线下教师点拨检查方式展开，是现场活动的预备阶段。具体展开实施详见活动信息准备环节说明（见图15-1）。信息知识准备情况影响后续活动效果，应重视。

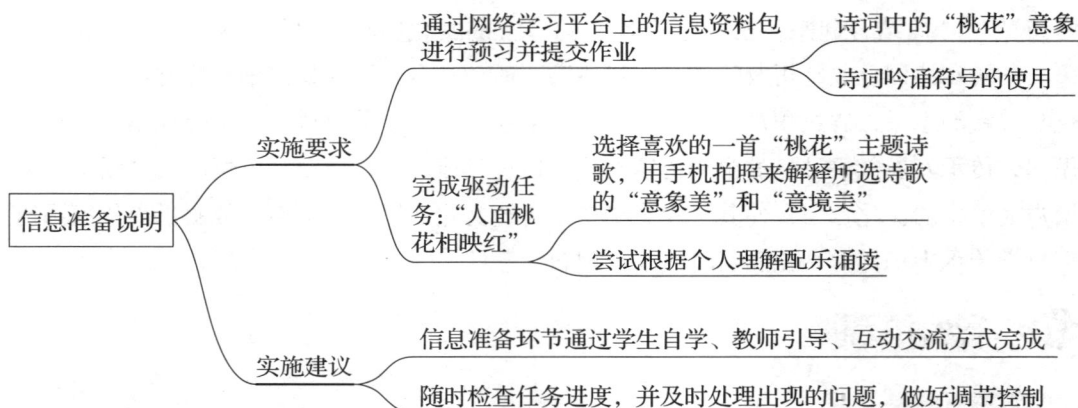

图 15-1 活动信息准备环节说明图

2. 设备工具及资料准备

包括信息传播平台（蓝墨云、学习通、微博、微信公众号、知乎、哔哩哔哩、抖音等）、电力供应设备工具、多媒体录影及播放设备、道具（桃符、山水画、饰物等）、话筒、音响、信息资料包、活动流程图、诗歌吟诵评分表、课堂活动任务书（诗词吟诵符号标注）、应急用品等。

3. 服务准备

服务方案（人员分工及职责等）设定、现场活动风险评估，提前向教学分管部门报备并联系后勤保障，聘用活动小帮手，对可能性风险提前进行应急演练等。

4. 具体准备

本次活动场所选择在桃花盛开的校园内，也可根据情况选择学校附近桃花盛开的地方。活动前需要做好以下准备：

（1）将参与活动人员分为 5 个小组。活动当日，工作人员（教师和小帮手）提前到场，进行现场布置和设备道具的检查确认。

（2）"桃"元素文化物品以桃花状（见图 15-2）形式摆放，既是参观路径，也是各组座位。依次为桃脯、桃花茶；桃符、桃木剑；绒花、剪纸；刺绣、图画；书籍。

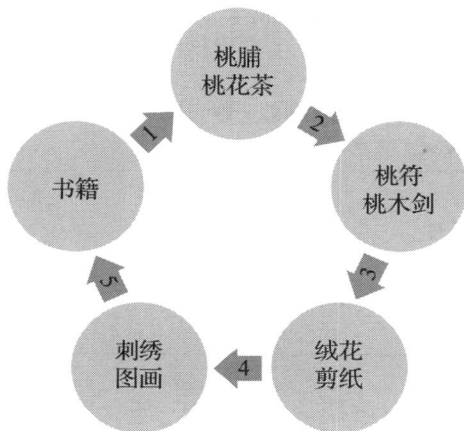

图 15-2　场地设计和物品摆放图

活动流程

活动按照强调感知→注重体悟理解→塑造行为路径展开，分为三个流程。

流程 1：营造物镜，注重"桃花"意象与意境的整体感知

（1）入场。参与者在背景解说中，沿着桃花通道依次缓步入场，对"桃"文化来一次从物象"美"到抽象"美"的赏析。

（2）在桃李春风中按组入座，静赏美景三分钟。时值仲春，正是桃李争妍的好时节，结合职业院校的学生实操能力强的特点，可以让学生自己动手制作桃花书签等诸多物象资料，既能丰富认知，又可供学生提炼素材，以此提升情境代入感。

流程 2：移情入境，侧重参与者自身通过意象对意境的理解和体验

（1）根据各组座位处悬挂的"桃"文化元素图片和画作，以诗解"图"。结合参与者自身诗词储备和对图画的理解，择取含有"桃花"意象（见表 15-1）的诗词解读图画，例如"人面桃花相映红""竹外桃花三两枝""烟轻惟润柳，风滥欲吹桃"等。

表 15-1 "桃"意象系统下的"桃花"意象梳理

意象解读	举例	意境		
		物境	情境	人格之境
桃花美人与高洁之士	《题都城南庄》（唐·崔护）："人面桃花相映红" 《史记·李将军列传》："桃李不言，下自成蹊"	触景生情；写实	情景合一；传神	情由境生；妙悟
报春之信与伤春之花	《晦日宴高氏林亭》（唐·高瑾）："二月风光起，三春桃李华" 《桃花》（唐·元稹）："桃花浅深处，似匀深浅妆。春风助肠断，吹落白衣裳。"	……	……	……
安居之所与神仙之地	《沁园春》（元·白朴）："毕竟仙家日月长。相随去，想蟠桃熟后，也许偷尝。" 《桃花源记》（晋·陶渊明）："……忽逢桃花林，夹岸数百步，中无杂树，芳草鲜美，落英缤纷……"	……	……	……

（2）引导参与者研究讨论，强调学生自主表达看法和观点，教师适度引导，核心不能偏离"意象"与"意境"这组关键词。

（3）欣赏《桃夭》吟诵。吟诵方式和调型的选择基于文本认知、意境解读。在吟诵节奏、韵律、调型处理上会有不同。《桃夭》从文本上描摹春暖花开时节花样女子出嫁时的热闹场景，意象的反复使用和诵读中叠音词的使用，音节如水波般渐次涌动，洋溢出阳春三月般热闹、温暖、明朗的意境，声情并茂，情境合一，因此在吟诵时可以选择"泉州调"，整句诗切分为较多的短音节，吟唱时音域无太大浮动，尾音处理悠扬绵长，从而达到以声传情、以情动人、人境合一的效果。

流程 3：妙合无垠，强调表达出"意象"和意境的契合

（1）播放背景音乐，开展以"桃花"为主体的现场诗歌创作活动。可以通过改写、独创、AI 诗词创作等方式完成。

（2）创作完成后自读作品并换读他人作品（组内交换）。

（3）选出每组全场最佳表现奖，邀请专家点评（亦可学生互评），选现场展示物品进行奖励。

（4）吟诵（可配乐）现场创作的 5 首优秀诗作。

（5）活动结束，清扫整理现场。

孔子论诗说可以"兴""观""群""怨"，因而，整个活动中，无论是写诗，还是读诗，都应该能从中找到一种兴发的感动。而改写诗歌是一个建立在赏读原文、与作者共情，进而感悟升华提升境界的过程，有助于审美教育与人格教育的深化。整个活动全程录像，录制《桃李不曾言，未觉已成蹊——桃花诗词意象赏析及吟诵浸润式体验》活动视频，作为活动资料留存。

活动总结

活动结束后及时进行回顾整理并作出活动效果评价，能够实现"教"与"学"的双提升。

活动评价时，可以从一个任务、两个维度、三个方面出发来进行梳理小结。

1. 一个任务

活动任务是否具备典型性，能否从大处着眼、小处入手，贴近生活、服务专业。优秀传统文化教学驱动任务书见表 15-2。

表 15-2 驱动任务书

专业层次	专业方向	活动任务
高职	婚庆服务	任务 1："桃"的祝福，整理提炼与"桃"有关的富含美好寓意的主持词。 任务 2：桃花人面，"桃"元素在婚庆妆容、礼服设计和婚庆现场布置的应用。
	艺术设计（广告艺术设计、动漫制作等）	任务 1：桃花主题 AI 绘画，作品汇总成册。 任务 2：动画片《大闹天宫》里的"桃"之我见。
	生物技术、市场营销	任务：世外桃源，给地方名"桃"写名片。
	旅游管理	任务：桃之"邀""邀"，结合地域特色设计"桃花节"导游词。
	……	……

2. 两个维度

教师自我评价和学生主体评价。学生对于意象的理解和意境的感悟程度会有个体差异，允许求同存异；教师应该全方位、多角度复盘活动，力求美美与共。通过学生和教师双方事后查漏补缺、总结经验，达到丰富认知、厚积薄发的目的，为下一次高质量活动做好铺垫。

3. 三个方面

第一方面：活动目标完成情况。知识目标、技能目标、素养目标达成度的检视。注重因材施教，不做一刀切，体现出教育关怀特征。

第二方面：活动过程控制情况。从学生参与度是否完整、互动是否良性、活动方法是否得当、时间分配是否合理等角度评估。

第三方面：活动设计方案改进和完善。梳理活动完成情况，尝试补充新资料，改进完善方案。

中国是诗歌的国度，诗歌是负载传播优秀传统文化的有机构成。在优秀传统文化教育过程中，需要让学生参与到文化活动中来，每次活动开展时，意象载体的选择可因时因地而异。桃花茶、桃花书签、桃符、绒花、剪纸、刺绣、"黛玉葬花"和"桃花源记"图片等道具都是"桃"文化的不同表达形态，今时之桃花，可以是他乡翌日之荷花、桂花、梅花……观赏物象展示是一个由外而内感受美的环节，活动实施选择"看→读→仿→创"的渐进上升方式，符合认知审美的规律，也契合优秀传统文化教育目标的三个维度。从懂"意象"到悟"意境"，是一个跨越时空"共情"的过程，也是一个审美创造的过程。通过浸润式活动，期待物与境、人和情的"化学反应"，获得一个全新体验。

🌀 活动拓展

优秀传统文化是校园文化的有机组成部分。从学习优秀传统文化出发，建设有鲜明特色的校园文化，通过与较大地域范围优秀文化形式、较高层面文化形态的交流，参与地方文化建设，表现高职院校的文化自信。

首先，教学活动中提炼出来的优秀成果，应该从课堂优化推广到校园，使其成为校园文化建设的臂助。例如，依托课程教学，成立诗词吟诵协会、汉服社、书法社团、演讲口才协会、动漫协会、青年志愿者协会等社团组织，以社团活动方式绽放优秀传统文化魅力，使优秀传统文化融入校园的每一处角落，渗透到育人的每一层面，打造出多元素交融、多维度共建的校园文化。

其次，中华优秀传统文化也是催生地方名片、助力地方文化建设登高的重要推手。中国是桃的故乡，桃乡处处。地方往往通过举办桃花会、桃花旅游节等主题活动整合资源，文化搭台、经济唱戏，集贸易、旅游、文化宣传推广于一体。职业院校可以依靠自身专业特点，通过积极参与富含地域特色的文化名片建设活动，输出校园文化建设成果，让校园文化走出去。

走出去的目的是再次引入优秀文化，通过"桃花旅游节"等多种形态的文化经济平台，举办富于校园特色的展演活动（见图15-3），通过不同领域、不同层面的文化形态碰撞，促进优秀传统文化更多渠道、更高层面反哺；在此基础上继续吸收借鉴、融合创新、不断提升，弘扬中华优秀传统文化。展演活动环节如图15-4所示。

图 15 - 3　展演场面

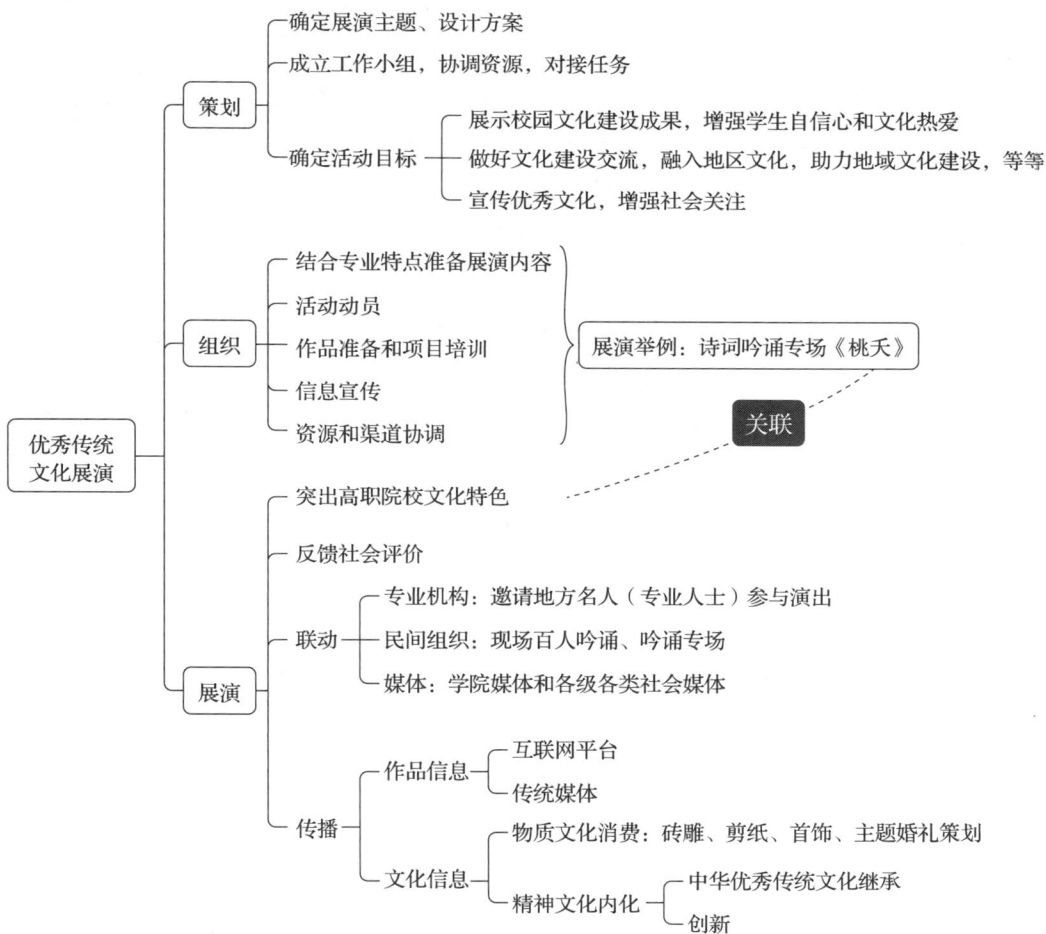

图 15 - 4　展演活动环节

活动亮点

（1）学科教学目标与德育教学目标必须有机融合，智育和美育相统一；德育需要智育作为基础和前提。活动的有效开展既是智育的成效，也是德育的功劳。

（2）优质的校园活动作为优秀传统文化教育成果，可以参与并丰富地方文化建设。

（3）能"送出去"，也要再"引进来"，吸收借鉴更多的优秀传统文化成果，深化推广，化为己用。

注意事项

1. 不拘一格的活动是熔炼材料、打磨成器的过程，绝不能本末倒置，外表花团锦簇，内里乱作一团，要解决空架子问题，必须夯实基础。要兼顾三个活动目标的实现，不能顾此失彼。

2. 优秀传统文化活动要设计和建设成活动群落。内容要丰富多样，形式要方便灵活，与时俱进，体现时代特色，反映社会风貌和国情。

3. 活动成果要通过多种方式保存并最大化利用，使优秀传统文化活动真正活起来、动起来，体现学以致用、推而广之的文化传播推广意图。

（策划人：兰州职业技术学院汽车工程与交通运输系　赵洁）

巧手剪乾坤，纸上生妙花
——"剪窗花庆春节"活动设计方案

活动主题

　　剪纸起源于古人祭祖祈神的活动，根植于博大精深的中国传统文化之中。两千年的发展史，使它浓缩了汉文化的传统理念，在其沿革中，剪纸与彩陶艺术、岩画艺术等艺术相互交织在一起，递延着古老民族的人文精神与思想脉搏，成为汉传统文化的一个组成部分，是传统信仰与人伦道德的缩影，也是观察一个民族的民俗文化传承的窗口。为继承发扬中华传统节日优秀文化，根据传统文化课程实践，在传统节日期间向全院开展"剪窗花庆春节"主题实践活动（见图 16-1）。

图 16-1　贺新年剪纸

活动目标

知识目标

　　掌握传统剪纸尤其是窗花的有关理论知识；了解剪纸文化渊源、类别与简单的制作过程。

技能目标

通过看一看，动手练一练，学习剪纸的简单剪刻技法和创作方法，能够独立完成剪纸作品；有创新地设计制作剪纸纹样。

素养目标

唤起对民间剪纸艺术的热爱，培养动手能力，培养和树立认知传统、尊重传统、继承传统、弘扬传统的思想观念；增强对中华优秀传统文化的认同感和自豪感。

活动对象

传统文化公共必修课、相关素选课、手工专业课的师生，相关社团的学生，地方中小学的师生等。

活动形式

1. 讲授式

专业教师通过系统的知识讲解，布置学生课内作业。

2. 研讨式

围绕一定的课题，教师和学生进行探究，尝试设计制作。

3. 实践活动式

通过具体的社团实践或活动，在普及传统文化的基础上引导学生完成简单的剪纸作业。

4. 自由学习式

学生自己通过教学资源平台、多媒体多种渠道进行学习，教师指导完成。

活动时间

可根据该课程在每个学校的定位灵活安排。主要分 3 种情况：

1. 素选课

项目模块中预设目标，在了解传统文化、了解传统工艺等知识任务点中完成。

2. 专业课

在手工制作类专业课程的纸艺造型"平面纸艺"教学实际任务中完成。

3. 社团活动

集结剪纸爱好者，展示中华剪纸艺术，吸引更多的人去了解、学习剪纸艺术。

活动准备

红色手工纸（A4 大小）、铅笔、橡皮、剪刀、刻刀、刻板等。

活动流程

以下环节，可以根据实际情况添加或者删减。

流程 1：导入，了解我们的传统节日——春节

同学们踊跃发言，谈谈自己家乡过年的风俗习惯；教师引导学生挖掘传统节日的文化内涵。鼓励学生积极收集春联且诵读；向亲人、师长、朋友表达感恩之情、祝福之意。本次活动我们通过学习中国的传统技艺——剪纸，亲手制作一幅剪纸作品，送给身边的亲朋好友一份真挚的祝福。

流程 2：讲解，了解单色剪纸的表现形式

单色剪纸又分为：

（1）阳刻。

通常是采用红纸、黑纸或其他颜色的材料剪刻出来的单色剪纸作品。阳刻剪纸的特征是保留原稿的轮廓线，剪去轮廓线以外的空白部分。每一条线都是互相连接的，牵一发将动全身（见图 16 - 2）。

图 16 - 2　阳刻剪纸案例

（2）阴刻。

阴刻剪纸的特点与阳刻剪纸恰恰相反，就是刻去原稿的轮廓线，保留轮廓线以外

的部分。所以阴刻剪纸的特征是它的线条不一定是互连的，而作品的整体是块状的（见图 16－3）。

（3）阴阳结合。

阴阳结合就是根据画稿里的虚实关系的需要采取阴刻和阳刻交叉的办法，能使画面效果更为丰富，主次更加分明（见图 16－4）。

图 16－3　阴刻剪纸案例

图 16－4　阴阳结合剪纸案例

流程 3：了解剪纸艺术的传统纹样

（1）锯齿纹。

形同锯齿一样排列的纹样，有明显的方向性与运动感，这是剪纸中高难度的技法。常用于表现光芒、羽毛、斑纹。

（2）菱形纹。

菱形纹有着稳定感，能集中视觉。

（3）圆点纹。

这是剪纸中常见的手法，如眼睛、浪花的水珠等都可以用这种手法。单个的圆点纹有吸引视觉停留的效果。一些老艺人在剪圆点纹时，通常不把圆点剪得过于规整、光滑，否则会显得单薄、轻飘。

（4）波状纹。

波状纹活跃、潇洒、轻柔，常用于表现水、云。波状纹可长可短、可续可断、可宽可窄，全按表现对象而定。

（5）云纹。

既常运用于云，也常运用于水和抽象装饰图案，是最常用的纹饰，具有飞腾感、运动感。

（6）月牙纹。

形状近似月牙，这种纹样的可塑性极大，可大可小，既可以作为剪纸的轮廓，也可以作为部分的装饰和图案纹样使用。

以上介绍的6种纹样都是在剪纸中最常见的，见图16-5。

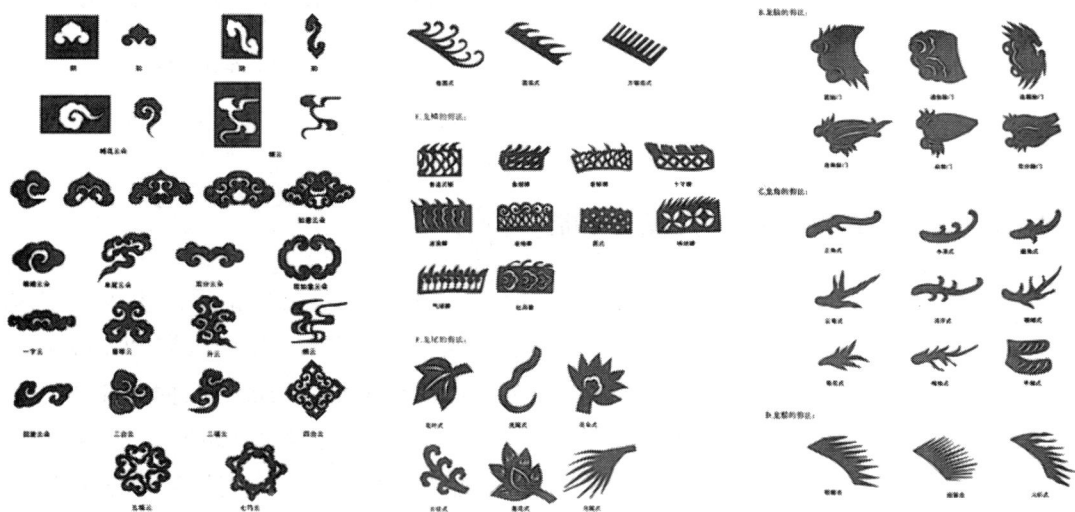

图 16-5　剪纸纹样

流程 4：了解剪纸的基本技法

常用的有自由剪、对称剪、三瓣对称剪、四瓣对称剪、五瓣对称剪、连续纹样六种剪纸技法（见图16-6），同学们可查阅其技法的资料并进行实践练习。

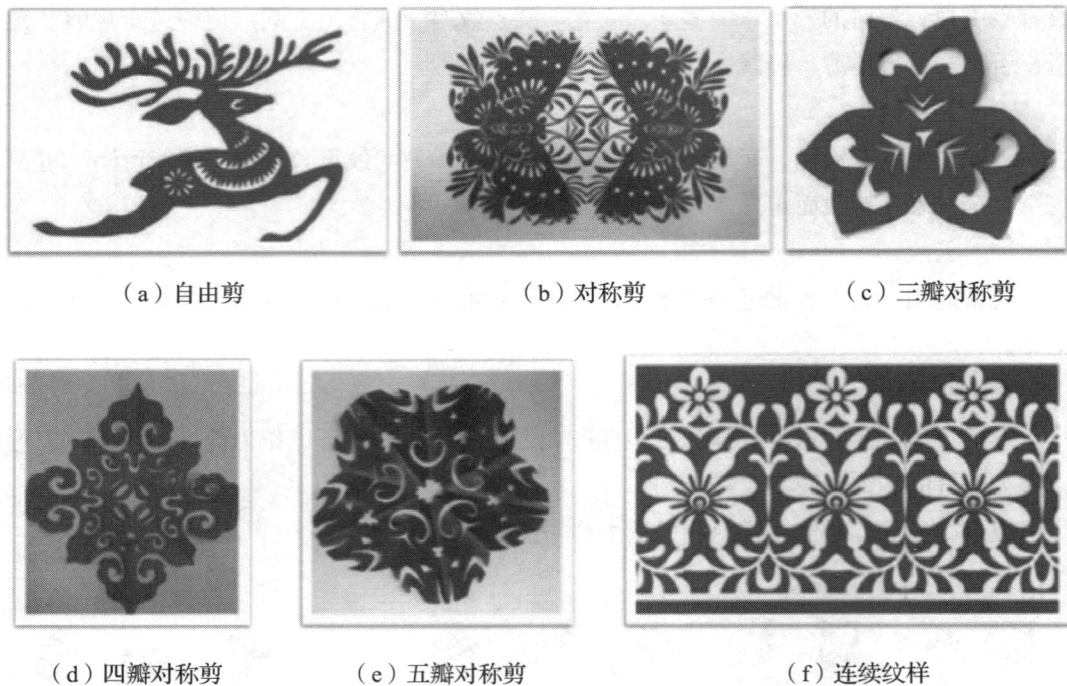

（a）自由剪 　　（b）对称剪 　　（c）三瓣对称剪

（d）四瓣对称剪 　　（e）五瓣对称剪 　　（f）连续纹样

图 16－6　剪纸技法

流程 5：欣赏剪纸作品，分析基本特征

剪纸都是艺术家通过对大自然的了解和认识，融入自己的感情意念来表达主观世界的艺术表现，所以每一幅作品都有它的独特性。剪纸将物体形象最典型、最突出的特征加以强调，使它更为鲜明、强烈、完美，这是在表现它的形象的抽象性。剪纸中我们也不难看出用点、线、面的表现力，注重造型变化。曲线的流动，直接刺激作用人的视觉来表现动感。还可以将自然形去繁就简，去粗取精，用简洁朴素的艺术语言表达丰富的内涵，使形象简括鲜明。也可以因简就繁在轮廓里进行相应的纹理装饰。西画讲构图，国画讲章法，剪纸讲布局，剪纸讲究色的对比效果，密疏得当，主题明确，点、线、面运用得体，画面给人一种美的享受。部分二十四节气剪纸见图 16－7。

流程 6：动手实践，感悟镂空之美

通过对单色剪纸的认识、了解、赏析，学生对剪纸技艺有了一定的掌握，结合本次主题，"剪窗花庆春节"，根据个人爱好展开实践，充分发挥学生的创造能力。学生动手、动脑，自己进行创作，在自己的剪纸作品中展示内心世界。对于难度较大的创作，老师和学生一起分析、研究，使学生产生联想，老师指导学生运用阳刻、阴刻和阴阳结合的方法进行剪刻。这样，学生抛开条条框框投入创作，剪出的作品会百花齐放、构思新颖、千姿百态，作品会流露出无拘无束的痕迹（见图 16 - 8）。

图 16 - 7　二十四节气剪纸（部分）

图 16 - 8　课堂实践

流程 7：作品展示及点评

作品完成之后，从活动的出发点，结合剪纸工艺和传统文化对作品进行展示与点评（见图 16 - 9）。

图 16-9 作品展示与点评

（1）从技法审美角度进行点评。

第一，制作美。优秀的剪纸作品必须具备剪纸特有的风格和特点。剪纸更要讲究技法的表现，用刀在纸上模仿刻或者用剪刀对着绘画图案临摹，这是最简单而原始的制作方法。一幅优秀的剪纸作品应该用剪纸的语言来塑造自己想表现的事物的艺术形象。

第二，艺术美。剪纸的形象都是在精致剔透的形式中塑造、刻画的，除了剪纸的工具和材料性能以外，还要求剪纸能具有"透光"的实用性。尤其是"窗花"更需要如此，否则，一幅再好的剪纸作品贴在窗户上也会将室外的光线全部挡住了，既不能透光，也不太美观。

第三，装饰美。优秀的剪纸作品强调它独有的装饰性，从构图平视、对称，到画面均衡，都应该美观大方，线条流畅。由于使用的工具和材料不同，剪纸作品中会用到很多特有的技法去展现它的装饰性（如"月牙纹""波状纹"等），这些手法的表现让剪纸作品更具审美及装饰性。

第四，夸张美。任何事物都有它美和丑的地方，艺术夸张手法也是想达到突出美的目的，以此来缩小和简化丑的因素，经过夸张的处理，剪纸的画面效果会更让人赏心悦目。

（2）从传统审美特点进行点评。

第一，形式美法则。通过对剪纸技法的赏析、实践，学生提升了对美的欣赏水平。可以从形式美和意境美两个方面展开点评。形式美如：剪纸作品中构图、线条、技法等基本美感设计客观因素；意境美如：剪纸作品中所表现的情感、内容、思想及精神内涵等内在主观美感因素。当然，剪纸艺术的美学价值不仅仅是作品本身的价值，它更代表的是一种传统的审美观念和审美情趣。

第二，时代美特征。随着社会的飞速发展，剪纸传统艺术在传承的同时也在不断地创新和发展。现代的剪纸作品越来越多地体现了当代特色和现代审美观念。我们喜欢传统的剪纸艺术，同学们也应该不断创新和尝试，以使剪纸艺术更加生动、丰富和多样化，同时也为中国传统文化注入新的元素和活力。

（3）从劳动教育、劳动观念角度进行点评。

第一，劳动能力。在剪纸教学活动中学生能设计并制作简单的剪纸作品，同时一起感受传统工艺技术的精湛，一起体验劳动的艰辛和收获的快乐，同时引导学生具备传承并发扬传统工艺的意识，通过剪纸活动也可以映射到日常学习中要养成专心致志的品质。

第二，劳动习惯。通过剪纸活动，让学生制订制作计划及步骤，有计划地完成活动任务，养成有始有终、认真的劳动习惯，并能够具备安全规范意识，坚持不懈地参与家庭劳动和学校劳动，形成吃苦耐劳的劳动品质。

第三，劳动精神。在制作的过程中不断挖掘自己的劳动能力并提升审美标准，在劳动过程中认真钻研、克服困难、敢于创新，体会劳动的快乐，根据劳动需要设计并制作传统剪纸作品。师生一起感受传统技艺中蕴含的人文价值和工匠精神。树立传承中华优秀传统文化的观念，初步养成精益求精、追求品质的劳动精神。

活动拓展

根据实际情况，可以对本次活动的作品进行分类展示，场地不限（校园、走廊、展厅均可）。可互相学习，了解剪纸艺术，传承经典技艺。

活动亮点

1. 传承了古老的民间艺术

剪纸是中国古代劳动人民创造的实用性和装饰性强、制作工艺简单、流传悠久的传统艺术。剪纸源于民间，经过历史演变，与民俗文化紧密相连，成为当今"活态"文化传统。学生通过对剪纸文化的"赏—感—练"，在欣赏剪纸镂空之美的同时，感悟中华文化的博大精深，以此来激发学生学习的欲望，培养当代学生对剪纸的兴趣及爱好，也直观地传承了剪纸在悠久的中华文化艺术宝库中的光辉成就，增强了民族自豪感和自信心，培养了爱国主义精神。

2. 丰富了校园文化生活

营造了浓厚的校园文化氛围，充分展现了中国传统剪纸文化的艺术魅力，传承和弘扬传统国粹文化艺术从学生做起，在提高当代学生的艺术修养的同时，也为剪纸爱好者提供自我价值实现、展示的舞台，为学生的校园活动增添色彩。

3. 拓展了学生学习及生活领域

该活动发挥了学生的艺术特长，提高了学生的动手实践能力，让学生的课外文化生活更加丰富多彩。活动中，通过教师讲解，学生了解了传统剪纸艺术悠久的历史，通过欣赏优秀作品，学生得到了美的享受，通过先感知后实践，学生体验了传统的剪纸艺术制作过程，从而增强了民族自豪感和自信心，培养了文化自信，加深了爱国情怀。

注意事项

1. 为保证活动正常进行以及顺利结束，在活动安排确定后需要保证负责人能提前半个小时到位，各项活动用品必须在活动开始前准备好。

2. 活动负责人在活动期间必须在场，及时补充材料，准备工具，讲解制作步骤等。

3. 拍照、录像记录剪纸活动，用于后期宣传及活动存档。

4. 准备安全剪刀。

（策划人：兰州职业技术学院初等教育学院　姚继琴）

未使三分力，能滋万亩田

——"黄河水车木构模型制作"活动设计方案

活动主题

　　黄河水车，运输水利，灌溉农田，为中国农业发展做出了巨大的贡献。本活动意在带领学生深入了解古代工匠"无为而无不为"的治水思想，体悟他们对老子哲学"水利万物而不自生""道法自然"这一自然规律的深刻认识。通过黄河水车写生活动和木工制作的实际操作过程，让学生观察水车精密的结构造型，了解古代工匠技比鲁班的构建智慧，懂得零件虽小却需要严谨务实地组合到一起，才能组成一个坚实的水车，认识到其实每一个不起眼的结构都有不可替代的作用，从而培养学生重细节的学习和工作态度，养成一丝不苟的工匠精神。在此基础上，让学生学会用木构造型的方式，制作黄河水车模型，借此学习古代工匠精益求精的精神，激发学生的民族自信心。

活动目标

知识目标

　　充分了解黄河水车发明者的思想和黄河水车的农业贡献，深入认识黄河水车的结构特征。

技能目标

　　能够观察水车的结构，精准地概括黄河水车的结构与造型，并且能够用毛笔进行线描艺术造型的方式绘制黄河水车，在这个教学过程中培养空间理解能力；能够用木片拼接的工艺制作出黄河水车模型，培养空间构造能力。

素养目标

　　通过了解发明黄河水车的人物及背景故事，能够懂得老子"无为无不为"的智慧和治水思想，进而增强民族认同感，激发文化自信。

活动对象

水利爱好者以及学前教育专业玩具方向的全体学生。

活动形式

参观制作。

活动时间

如果是学前教育专业玩具方向的学生，则根据学前教育方向手工制作与环境创设课程的人才培养方案，本次情境式室外教学、写生活动课安排在第二学期期中考试之前。

活动准备

1. 经验准备

在课前通过线上学习平台下发课前学习任务（纪录片、图片、介绍、数字博物馆等网络学习资源），学生能够基本了解黄河水车的基本知识。

2. 教学材料准备

速写纸、宣纸、铅笔、毛笔、墨汁。

活动流程

流程 1：情境式室外教学——写生活动

（1）感知：学习与提升。

教师带领学生实地游览黄河水车博览园（见图 17-1），融入真实的教学情境，让学生在"百闻不如一见"的过程中感受黄河水车昼夜不停转动的气魄和魅力，讲授黄河水车的历史背景和灌溉常识、农业用途等背景知识，并逐一参观多种黄河水车的结构形态，帮助学生建立真实的感知，调动学习兴趣和学习热情，在进一步认识的过程中，了解黄河水车发明者的高度智慧和精益求精的工匠精神。

巴赞指出："人类都有一种将美好的事物长久保存下来的本能的冲动。"我们尝试运用各种形式实现对黄河水车这个目标对象的再现，包括实物再现、绘画等在内的各种艺术方式。本节课的活动策划选择用国画线描的方式为学生示范，另一节课安排用木构的方式去表现，并在这个活动的过程中，激发学生的学习能力、思辨能力、造型能力、空间思维能力。

图 17-1　黄河水车博览园教学情境

　　在了解黄河水车精湛的制造工艺之后，教师讲授黄河水车发明的背后是老子"道"及"道法自然"特别是"无为而无不为"的思想精髓的缩影，从中国文化延伸到西方文化，对比黄河水车与荷兰风车，它们都是能巧妙利用天然能量的伟大发明。通过教师讲解，学生知道了水车是中国古人智慧的结晶，是道家"无为而治""无为而无不为"思想的具体体现，激发民族认同感。

　　（2）认知：观察与分析。

　　教师带领学生近距离实地观察黄河水车的机械原理，观看水车中核心部件的构造，了解水车的转动是水流冲击叶轮而带动轴心转动的原理，为下一步教学活动中"画一画"和"做一做"中的难点做好准备。近距离欣赏黄河水车是如何运转的，观察水车转动推动的原理，分析黄河水车的结构造型，了解水车的运转构造。在分析的过程中，教师准备笔墨为学生示范，在绘制的过程中，梳理复杂造型的同时强调笔墨表现线条的质量，教师示范，学生观看，为下一教学活动做经验准备。

　　（3）分析：概括与表达。

　　教师组织学生分组找合适的观察点，并布置用中国水墨线描的手法准备绘图的任务。水墨画这种艺术形式，体现着道家"玄""简朴"的观念，特别是"无为而无不为"的思想精髓。学生分组，选择感兴趣的水车造型，进行现场绘画，用水墨或线描速写的方式画出水车结构，教师观察学生作品，指出存在的问题，带领学生观察水车的部件，示范如何分析归纳黄河水车部件的复杂造型并概括提炼，为下一步的制作环节做结构分析的准备。在这个过程中，学生根据老师的分析和讲述仔细观察，将含糊混沌的感觉变成理智的分析。教师对画完的同学的作品予以点评，对能力薄弱的学生给予适当的指导。

流程 2：情境式室内教学——木工活动

（1）制作：分析与制作。

回到学校，在后一节课的教学安排中，教师带领学生用木片构造的方式制作水车模型，学生在用绘画认识黄河水车造型的基础上，用雪糕棒进行结构的组合、部件的制作以及打磨、部件组装等所有工序，最终完成水车的制作。在这个过程中锻炼学生木工切割的工艺技巧以及组装绘图的能力，锻炼他们空间构造的能力。教师讲解材料的切割、打磨、拼接等注意事项，观察学生在制作过程中遇到的问题，针对问题，进行集中观察、记录、整理、归纳总结、统一示范，随时指导学生完成练习，确保教学质量。教师针对普遍性问题进行现场示范，而针对个别同学的问题，教师则进行一对一的辅导，使学生在制作过程中提升木工工艺，在良好的师生互动中完成黄河水车模型的搭建。

（2）创造：创新与延伸。

课后延伸幼儿园的课程融合案例 1——中国水利水车。

教师布置课后任务，学生利用教学安排的"实习周"，对接岗位需求，将黄河水车的水动力原理和荷兰风车的风转动原理延伸到幼儿园的具体教学活动。教师引导学生自行查阅相关教学资源，发挥想象力，通过对黄河水车的传统制作工艺的学习来创新突破，并尝试撰写教案，准备资料和教具，在幼儿园里落地课程设计，延伸相关课程。

课后延伸幼儿园的课程融合案例 2——西方风能风车。

教师为学生讲授水能转化为风能的西方案例——荷兰风车（推荐案例：雪糕棒拼接的可以转动的风车的制作；染纸纸艺风车的制作），教师自己查阅相关资料，帮助学生拓展思维，从中国的文化遗迹扩展到世界的文化遗迹，提升学生的文化艺术格局，帮助学生建立更为全面的知识体系，激发学生的自学能力，丰富学生的人文艺术修养，让学生在对接岗位需求的同时，积累宝贵的教学经验，同时也为课程的建设储备优秀的教学案例。

最后进行反思：记录与积累（延伸练习）。

学生在实习周中去幼儿园里将延伸课程带入幼儿园，落实校企合作，认真记录课程过程，并且做好课后反思，积累教学资源库，进行记录的同时，搜索下载共享资料及专业数据库中关于水车的照片，如是黑白照片，可用专业软件或 WPS 软件中自带的照片处理模块将其处理为彩色照片。

活动拓展

1.【科学阅读】

文物介绍——龙骨水车（搜狐网）。

2. 黄河水车的背景知识扩展

黄河水车发展的第一阶段。中国正式记载中的黄河水车，大约到东汉时才产生。东汉末年灵帝时，命毕岚造"翻车"，已有轮轴槽板等基本装置。又有一说，三国时魏人马均也制造过翻车。不论翻车究竟首创于何人之手，总之，从东汉到三国翻车正式产生，可以视为中国水车建造的第一阶段。

黄河水车发展的第二阶段。到了唐宋时代，在轮轴应用方面有很大的进步，能利用水力为动力，做出了"筒车"，配合水池和连筒可以使低水高送，不仅功效更大，而且节约了宝贵的人力。

黄河水车发展的第三阶段。到了元明时代，轮轴的发展更进一步，一架水车不仅有一组齿轮，有的多至三组，而且有"水转翻车""牛转翻车""驴转翻车"，可以依风土地势交互为用。这项发展，使翻车的利用更有效益。翻车自东汉三国时代发明以来，一直停滞在人力的运转。至此，利用水力和兽力为驱动，使人力终于从翻车脚踏板上解放了出来。同时，也因转轴、竖轮、卧轮等的发展，使原先只用水力驱动的筒车，即使在水量不丰沛的地方，也能利用兽力而有所贡献。另外，"高转筒车"的出现，使得在地势较陡峻而无法开水塘的地方，也能实现低水高送。

黄河水车发展的第四阶段。明嘉靖二年（公元1523年）段续考中进士后，在云南任道御史时，曾宦游南方数省，多有惠政。一次在乡间，他发现木制龙骨筒车可汲水灌溉，便观察其构造原理，绘成图样带在身边。段续后来荣归故里，悉心研究、反复实践，终于在1556年研制成功了历史上第一轮黄河水车。黄河水车解决了河岸高、水位低难以提灌的困难，使沿河农业大受其益。因此，沿岸农民群起仿效，到清代，兰州黄河两岸架设的水车已达300多轮，成为黄河兰州段上独有的文化风景。水车在中国农业发展中有大贡献，它使农作物所受的地形制约大为减轻，实现了丘陵地和山坡地的开发。水车不仅用于旱时汲水，低处积水时也可用来排水。

黄河水车高10米多，由一根长5米、口径0.5米的车轴支撑着24根木辐条，呈放射状向四周展开，水车有48个水斗，辐条36根，轴心到地面是7.8米，水车直径为8米。每根辐条的顶端都带着一个刮板和水斗。刮板刮水，水斗装水。河水冲来，借着水势缓缓转动着十多吨重的水车，一个个水斗装满了河水被逐级提升上去。临顶，水斗又自然倾斜，将水注入渡槽，流到灌溉的农田里。千百年来，黄河岸边的水车昼夜转动着，以其独有的风姿留传至今。它的发明显现着中国古人顺应自然但不消极地适应自然、改造自然的同时促进自然正常发展的杰出智慧，是体现中国传统文化"人"与

"天"之间能动统一辩证关系的典型代表，它以水来治水的原理，反映了当时古人已掌握了水流动力学的原理，是道家"无为而无不为"思想的具体体现。

如今黄河大水车是黄河文化的重要组成部分，它体现了中华民族的创造力，为中国农业文明和水利史研究提供了见证。水车的发明为人民安居乐业和社会和谐稳定奠定了基础，也为黄河游增添了文化底蕴。

活动亮点

通过本次活动中观察、写生、制作的过程，学生能够明白制造黄河水车为人民谋福祉的伟大智慧和贡献，是老子"无为而无不为"的智慧和治水思想的支撑。黄河水车的发明，也来自对"水利万物而不争"和"道法自然"这一自然规律的认识，所以我们可以通过对世间事物自身规律的观察，也通过对水车发明背后智慧的观察，来说明这个思想的重要性，用这样的活动去激发学生的民族自豪感，增强民族自信。通过课程，学生了解了黄河水车为中国农业发展做出的巨大贡献。

注意事项

1. 教师强调，不允许学生购买网上的材料包，所有材料一定是原创的，现实中很多模型制作（包括个别实物）本身不大注意再现其利用水自身的能量使其运行的特点，而用外加电能等方式使其运转，这严重违背了"道法自然"的思想智慧。

2. 因为本活动比较难，所以教师要注意在引导学生对水车的形态原理仔细观察、深入了解的基础上，根据学生实际情况分组，给予其不同要求，使之完成活动任务。

3. 教师根据学生不同的美术功底、手工功底以及动手能力，给予其不同要求。对于一部分能力相对比较薄弱的同学，可以用铅笔画水车，可以尝试制作水车的局部，而不是全部组件，在教学过程中对于这样的同学给予支持和鼓励。而对于绘画功底较强的同学，要提高难度和艺术性的教学标准，让他们进行水墨画的线描写生，不仅仅要鼓励他们画出水车的全部构造，还要在示范和指导的环节里反复去强调线条的艺术性和质量，在手工制作的环节里也要强调重要部分的构造，以及严丝合缝的工艺，践行精益求精的工匠精神。

（策划人：兰州职业技术学院初等教育学院　杜亚洺）

品清雅香茗，悟诗意人生
——"中国传统茶道体验与茶诗诵读"活动设计方案

活动主题

"茶"字寓意为"人在草木间"。中国是茶的故乡，也是茶文化的发源地。茶在中国人的生活中扮演着非常重要的角色。饮茶不仅是一种日常的物质消费体验，更多的时候则体现为一种精神和文化享受。将饮茶这种行为艺术化，就产生了茶道，它使人们在具有仪式感的茶事活动中，获得心灵的宁静和道德的提升乃至社会的和谐。中国是茶文化的发源地，是诗的国度，茶文化和诗文化的完美结合就产生了茶诗，这些诗体现了中国古代文人雅士的饮茶情趣、精神追求以及审美理想。茶道、茶诗是中国传统文化重要的组成部分。本次活动旨在通过茶道的体验活动，让学生了解中华茶道的内容及要求，进而理解中国的茶文化及茶道与儒、释、道之间的关系，对传统茶文化有更真实的体验与认同。通过茶诗的诵读活动，学生能将日常饮茶活动与诗联系起来，了解中国古代文人的心灵世界与审美情趣。在喧嚣的现代生活中，诗的吟诵可以使诵读者获得心灵的安宁与平静，有利于大学生的身心健康。同时，本次活动也能更好地展现和传承中国传统文化，使中国传统文化在全球化背景下焕发出新的生命活力，展现其独特的魅力。

活动目标

知识目标

了解茶在中国的发展史；了解茶与儒、释、道三者的关系；了解中华茶道的内容及精神意涵；了解茶诗的发展历史、种类及代表作品。

技能目标

学会辨别不同的茶；对茶具有比较明确的认知；掌握基本的茶艺流程；能背诵一两首代表性茶诗。

素养目标

通过感受我国传统茶道的魅力，激发对于传统茶道的学习兴趣；通过辨茶、泡茶、敬茶、品茶的过程，体会茶道中所蕴含的节俭、和谐、超越的精神，学会与自然、社会、他人和谐相处，继承和弘扬我国传统伦理思想和美德。通过茶诗诵读，体验茶道所体现的超越性，使自己能在现实中克服各种困难，摆脱各种束缚，实现灵魂解放与精神自由，获得健康身心。

活动对象

高职院校中必修或者选修中国传统文化课程的全体学生。

活动形式

课堂实训。

活动时间

茶文化属于中国传统文化的组成部分，老师可以根据教学内容的相关性或者节令开展教学活动。

活动准备

1. 茶文化知识准备

提前阅读《茶经》《大观茶论》《茶谱》等书，在网易公开课观看"茶道概述""中国茶文化与茶健康""MOOC-茶艺""中国茶文化"等课程，对中国古代茶文化有一定的了解和认知，这些知识储备是这次活动的基础。

2. 茶道与茶艺技能准备

了解中华茶道的构成要素及义理和核心要义。掌握现代茶艺的基本规范和要求。学生进行分组，着装最好统一。学生提前准备茶叶、水及茶具，在规范操作中理解茶道精神。最好能配上古典音乐，使学生在优美的乐曲中，品茗静心，营造一种美好超脱的人文环境。也可请专业茶艺师现场展示。

3. 茶诗诵读准备

搜集多首茶诗，并给学生讲解诗歌朗诵的基本技能与技巧，如发声、读音、重音、停顿、语调、节奏、站姿、眼神、形体动作、感情表达等，使学生有基本的诗歌朗诵素养。学生先听朗诵茶诗的音频，然后根据自己的兴趣选择一两首茶诗进行朗诵，并讨论其中的意蕴，也可以选择叙事类或者抒情类作品。如：元稹的《茶》、卢仝《走笔谢孟谏议寄新茶》等（音频朗诵者：张岗，宁波财经学院副教授）。

茶

（唐·元稹）

茶，

香叶，嫩芽。

慕诗客，爱僧家。

碾雕白玉，罗织红纱。

铫煎黄蕊色，碗转曲尘花。

夜后邀陪明月，晨前独对朝霞。

洗尽古今人不倦，将知醉后岂堪夸。

茶

元稹

走笔谢孟谏议寄新茶

（唐·卢仝）

日高丈五睡正浓，军将打门惊周公。

口云谏议送书信，白绢斜封三道印。

开缄宛见谏议面，手阅月团三百片。

闻道新年入山里，蛰虫惊动春风起。

天子须尝阳羡茶，百草不敢先开花。

仁风暗结珠琲瓃，先春抽出黄金芽。

摘鲜焙芳旋封裹，至精至好且不奢。

至尊之余合王公，何事便到山人家。

柴门反关无俗客，纱帽笼头自煎吃。

碧云引风吹不断，白花浮光凝碗面。

一碗喉吻润，两碗破孤闷。

三碗搜枯肠，唯有文字五千卷。

四碗发轻汗，平生不平事，尽向毛孔散。

五碗肌骨清，六碗通仙灵。

七碗吃不得也，唯觉两腋习习清风生。

蓬莱山，在何处？

玉川子，乘此清风欲归去。

山上群仙司下土，地位清高隔风雨。

安得知百万亿苍生命，堕在巅崖受辛苦！

便为谏议问苍生，到头还得苏息否？

走笔谢孟谏议寄新茶

卢仝

奉和袭美茶具
十咏·茶人
陆龟蒙

奉和袭美茶具十咏·茶人

（唐·陆龟蒙）

天赋识灵草，自然钟野姿。

闲来北山下，似与东风期。

雨后探芳去，云间幽路危。

唯应报春鸟，得共斯人知。

郡斋平望江山
岑参

郡斋平望江山

（唐·岑参）

水路东连楚，人烟北接巴。

山光围一郡，江月照千家。

庭树纯栽橘，园畦半种茶。

梦魂知忆处，无夜不京华。

双井茶送子瞻
黄庭坚

双井茶送子瞻

（宋·黄庭坚）

人间风日不到处，天上玉堂森宝书。

想见东坡旧居士，挥毫百斛泻明珠。

我家江南摘云腴，落硙霏霏雪不如。

为公唤起黄州梦，独载扁舟向五湖。

道者院池上作
苏轼

道者院池上作

（宋·苏轼）

下马逢佳客，携壶傍小池。

清风乱荷叶，细雨出鱼儿。

井好能冰齿，茶甘不上眉。

归途更萧瑟，真个解催诗。

双井茶

（宋·欧阳修）

西江水清江石老，石上生茶如凤爪。

穷腊不寒春气早，双井芽生先百草。

白毛囊以红碧纱，十斤茶养一两芽。

长安富贵五侯家，一啜犹须三月夸。

宝云日注非不精，争新弃旧世人情。

岂知君子有常德，至宝不随时变易。

君不见建溪龙凤团，不改旧时香味色。

双井茶
欧阳修

试院煎茶

（宋·苏轼）

蟹眼已过鱼眼生，飕飕欲作松风鸣。

蒙茸出磨细珠落，眩转绕瓯飞雪轻。

银瓶泻汤夸第二，未识古人煎水意。

君不见，昔时李生好客手自煎，贵从活火发新泉，

又不见，今时潞公煎茶学西蜀，定州花瓷琢红玉。

我今贫病常苦饥，分无玉碗捧蛾眉。

且学公家作茗饮，砖炉石铫行相随。

不用撑肠拄腹文字五千卷，但愿一瓯常及睡足日高时。

试院煎茶
苏轼

🌀 **活动流程**

流程1：讲，茶与茶文化

你了解茶吗？你知道中国的茶是什么时候产生的吗？茶的效用有什么变化？中国四大茶区包括哪些？对茶文化你知晓多少？你认为茶文化是否影响了中国人的精神世界？这种影响体现在哪些方面？茶与儒、道、释三者的关系如何？

辨：根据茶的色泽与加工方法分类，可以分为红茶（全发酵）、绿茶（不发酵）、青茶（半发酵）、黄茶（轻发酵）、黑茶（后发酵）、白茶（轻发酵）六大茶类（见图18-1～图18-6，赵泉山、胥善峰摄影）。学生了解不同的茶类及制作过程，能够辨别不同的茶，掌握不同茶的功效。

图 18-1　红茶（正山小种　烟熏）

图 18-2　绿茶（安徽）

图 18-3　青茶　北斗一号（大红袍）

图 18-4　黄茶（君山银针）

图 18-5　黑茶（安化-天尖）

图 18-6　白茶（福鼎-白牡丹）

识：认识和了解七种不同的茶具——陶土茶具、木鱼石茶具、竹茶具、瓷器茶具、玻璃茶具、漆器茶具、金属茶具等（见图 18-7～图 18-13，其中图 18-7、图 18-10 为汪君艳供图，其余为董炜摄影）。

图 18-7　景德镇霁蓝高温颜色釉盖碗

图 18-8　青花杯

图 18-9　汝窑公道杯

图 18-10　潮汕地区陶瓷煮水壶

图 18-11　紫砂壶-镜圆壶

图 18-12　紫砂壶-彭年石瓢

图 18-13　紫砂壶-扁石壶

流程 2：做，茶道与茶艺

你认为中华茶道主要包括哪些内容？茶道的义理和核心是什么？茶艺是什么？茶艺和茶道有什么关系？茶艺就是泡茶的技艺和品茶的艺术。以兰州盖碗茶为例，请进行一套完整的茶艺表演。

茶道是以修行得道为宗旨的饮茶艺术，包含茶礼、礼法、环境（见图 18 - 14，汪君艳供图）、修行四大要素。茶艺是茶道的基础，是茶道的必要条件，茶艺可以独立于茶道而存在。茶道以茶艺为载体，依存于茶艺。茶艺重点在"艺"，重在习茶艺术，以获得审美享受；茶道的重点在"道"，旨在通过茶艺修身养性、参悟大道。

图 18 - 14　茶境

盖碗是一种上有盖、下有托、中有碗的茶具。盖碗茶又称"三泡台"，包括茶盖、茶碗、茶船子。寓意为"天盖之，茶盖；地载之，茶船；人育之，茶碗。"又称"三才碗"或者"三才杯"。盖为天，托为地，碗为人，是谓传统文化中的"天、地、人"三才合一。

用盖碗品茶时，需连托端起。用茶托托起盖碗，拿盖子在碗口刮几下，使茶水上下翻滚，轻刮则淡，重刮则浓，随心所欲，这便是盖碗茶的优势。

多人饮用盖碗茶一般包括以下几个步骤：温碗，置茶，注水，洗茶，冲泡，饮用。

流程 3：读，茶诗与茶画

你知道中国茶诗源于何时吗？茶诗兴盛在哪个时代？茶诗的类型都有哪些？唐代和宋代的茶诗表现了哪些不同的文人意趣？请学生朗读一首或者几首茶诗。组织学生分析茶诗所表现的情感世界。

流程 4：悟，茶道与人生

讨论：中国茶道精神与儒、释、道三者的关系？古代茶道精神对现代人的启示？从茶道中我们得到什么样的人生感悟？茶如何锻造着中国人的精神品格？我们应该怎样过一种有诗意的生活？在茶艺中如何体现人的精神价值？

活动拓展

中国是世界上最早发现和利用茶叶的国家。最早的关于茶叶的记载可以追溯到周初。早期茶叶主要是药用和食用，且只有上层阶级才可以享用。到了唐代，随着茶叶种植面积的扩大，茶作为一种日常饮料，也进入了普通百姓的生活，饮茶成为一种日常活动。唐代陆羽的《茶经》是世界上第一部茶叶专书。书中对唐代中期以前茶叶生产的历史与发展（如茶树的起源、生态环境、栽培经验、制作工艺、器具使用、煮茶方法、水质选用、饮茶习俗、茶叶功效以及品评知识等）都作了较为系统、全面的总结和介绍。茶道，具体来说，就是规定了一系列冲茶泡茶的规范，并在品茶中品味个人的道、人生的道以及万物的道。吴觉农认为：所谓茶道，就是将茶看作一种珍贵、高尚的饮料，将饮茶视为一种精神享受、一种高端艺术和一种修身养性的方式。茶艺是茶道的载体，而茶道是茶艺的灵魂。陈香白认为中国茶道涵盖七种主要义理，即所谓的"七义"：茶艺、茶德、茶礼、茶理、茶情、茶学说、茶导引。七者缺一不可。"中国茶道"精神的核心即所谓的"一心"是"和"。"和"是儒家文化的核心概念。因此，在中国茶道中，道家的自然境界、儒家的人生境界、佛家的禅悟境界都融入其中，这也是中国传统文化的基础。

中华茶道，构成要素有环境、礼法、茶艺、修行。环境包括自然和人文环境。礼法主要从泡茶者的姿态、风度、礼节等细节上体现出来。茶艺即饮茶艺术，包括备器、择水、取火、候汤、习茶五大环节。在古代，时代不同，泡茶方式也迥然不同，唐代是煮茶，宋代是点茶，明清是泡茶。当代茶艺只包括泡茶茶艺，且并没有完全统一的标准。修行是茶道的终极目的，是茶道的宗旨和追求，茶人通过茶事活动怡情悦性、陶冶情操、修心悟道。由此，饮茶成为文人士子的一种精神活动，一个可以使灵魂得到休憩的活动。无论是水质的选择（陆羽认为山水最好，江河水次之，井水最差），还是装茶器具的选择以及饮用方式的变换，最终目的都是在清醒人生中给精神一个相对独立和自由的空间。所以，茶道的最终目的，是关注个人的生存状态和心灵体验以及对自我价值的评价。

唐宋后文人雅士喜欢品茶，饮茶不仅能解渴，而且还能提神、破困、消食、除疾和明目，甚至能够保养身心、解毒祛病。文士把盏饮茶，然后在茶香满口之时，闭眼凝思，或吟或唱，通过诗歌把这种暂时的心境诗化，享受着尝茶吟诗的情趣。茶和诗的完美相遇使得中国诗歌史上又多了另外一种题材的诗歌——茶诗。茶诗是以茶为主题来歌咏茶事的诗歌。茶诗唐时兴起，北宋大盛，真正体现了茶中有诗意、诗中有茶味的独特意境。举凡采茶、煮茶、品茶皆可入诗。饮茶作为一种高雅的文化活动，更能体现出知识分子平和、内敛、沉静的精神品质。诵读茶诗，更可以使学生体会中国的茶道精神和诗人的审美情趣。不同诗人的茶诗更是表现出诗人充满个性的思想境界和精神风貌。茶助诗情、诗添茶趣，茶艺和诗趣就这样美妙地结合在一起，带给我们独特的心灵体验和精神享受，也体现了东方文化的魅力。

（1）"中国茶文化"入选非遗。

北京时间 2022 年 11 月 29 日晚，我国申报的"中国传统制茶技艺及其相关习俗"

在摩洛哥拉巴特召开的联合国教科文组织保护非物质文化遗产政府间委员会第 17 届常会上通过评审，列入联合国教科文组织非物质文化遗产代表作名录。

"中国传统制茶技艺及其相关习俗"是指有关茶园管理、茶叶采摘、茶的手工制作以及茶的饮用和分享的知识、技艺和实践。该项目包含了来自全国 15 个省（市、自治区）的 44 个小项目。本次申报涵盖绿茶、红茶、乌龙茶、白茶、黑茶、黄茶、再加工茶等传统制茶技艺，其中还包括径山茶宴、赶茶场等相关习俗，堪称我国历次人类非遗申报项目中的"体量之最"。

（2）湖南农业大学公开课："茶道概述"（网易公开课）。

（3）浙江大学公开课："中国茶文化与茶健康"（网易公开课）。

（4）"MOOC- 茶艺"（网易公开课）。

（5）北京语言大学公开课："中国茶文化"（第八讲茶与文学　第三节茶与诗）（网易公开课）。

（6）茶诗诵读（见前文诵读二维码）。

活动亮点

本次活动将中国传统茶文化知识、实践中的茶艺流程以及茶诗诵读结合在一起，既有文化性、理论性，又有实践性、趣味性，现场展示的形式更能激发学生的学习兴趣，且饮茶作为绝大多数中国人的一种日常活动，学生掌握的理论知识、实践技能和文化趣味可以伴随其一生，使学生受益终生，此次活动既具有文化意义又具有现实意义。

注意事项

1. 教师在活动开始之前需要做大量的准备，最好有电子书、视频和照片可以给学生进行展示。在茶艺展示环节也可以请专业茶艺师演示和讲解。本次活动带给学生的应该是一种沉浸式的体验。因为茶艺关乎人的心灵和情感，活动结束后可以让学生进行活动总结，使学生在感叹中国传统茶文化的博大精深之外，有真实的情感体验，并能进行自我反省和改进。

2. 此次活动的效果是隐性的，教师应该在活动结束后组织一些课外活动作为补充，以检验本次活动的成果。为了保证本次活动的延续性以及对学生的持续影响，可以就茶艺、茶道、茶诗、茶画开展征文、演讲、讨论等活动，使学生从心理上进行自我完善、自我更新，使传统茶文化在当代依然与时俱进，使茶和诗能够参与到当代大学生的精神建构之中，并起到良好的作用。

（策划人：甘肃警察职业学院基础教学部　刘稳妮）

著汉家衣冠，修礼仪邦国
——"汉服制作与展示"活动设计方案

活动主题

汉服，作为汉族的传统民族服饰，传承了30多项中国非物质文化遗产以及受保护的中国工艺美术。绣在服装上的故事，不仅仅是纹样的故事，还有汉文化、汉历史的故事。本活动从汉服入手，通过汉服知识学习、汉服制作、汉服展示等形式多样的活动，宣扬国学文化和汉服文化，让更多的人知道传统服饰"汉服"，激发学生对民族传统文化的热爱之情，培养他们对非物质文化遗产的保护、传承与创新的责任心。在宣传和学习汉文化的道路中，使学生不仅了解汉文化，明白汉文化，理解汉文化，还能将汉文化、汉民族服饰"汉服"普及全校，乃至整个社会。

活动目标

知识目标

了解汉服的基本知识和汉服制作方法，感知民族传统文化的造型之美、色彩之美以及制作之美。

技能目标

通过观察、体验、小组学习活动，学会运用立体裁剪，小组合作完成汉服设计；引导学生利用以往所学美术知识，设计并制作汉服。

素养目标

通过汉服知识学习、汉服展示、汉服制作，更加了解中国各个朝代的服饰文化，激发对传统文化的热爱。

活动准备

1. 教师准备用具

PPT课件、视频、订书机、珠针、丝带、布料、缝纫机、订书机、导学单、学生作品、教师作品、人台、板书教具、剪刀。

2. 学生准备用具

手工纸、人台、导学单、铅笔、珠针、剪刀。

活动流程

流程 1：汉服知识学习

（1）秦汉服饰。

秦汉时期的男子，主要穿着的是一种宽衣大袖的袍服，分为曲裾袍和直裾袍两类，除了祭祀和朝会以外，其他场合均可穿着。至东汉明帝，参照三代和秦的服饰制度，确立了以冠帽为区分等级标志的汉代冠服制度。服饰在整体上呈现出了凝重、典雅的风格。西汉男女服装仍沿袭深衣形式。

（2）魏晋南北朝时期的服饰。

受社会政治、经济、思想等方面的影响，魏晋的服饰仍循秦汉旧制，发展到南北朝时期各民族相互影响、相互吸收，渐趋融合。这一时期的服饰主要以自然洒脱、清秀空疏为特点。汉族男子的服装主要是袖口宽大，一般上身穿衫、袄、襦，下身穿裙子，款式多为上俭下丰，衣身部分紧身合体，袖口肥大，裙为多折裥裙，裙长曳地，下摆宽松，从而达到俊俏、潇洒的效果。

（3）唐代服饰。

唐代服饰承上启下，法服和常服同时并行。法服是传统的礼服，包括冠、冕、衣、裳等；常服又称公服，是正式场合所着服饰，包括圆领袍衫、幞头、革带、长筒靴等。品色衣至唐代已形成制度。平民多着白衣。唐代女子的发式繁复。唐代女服主要为裙、衫、帔、襦裙。在隋代及初唐时期，妇女的短襦都用小袖，下着紧身长裙，裙腰高系，一般都在腰部以上，有的甚至系在腋下，并以丝带系扎，给人一种俏丽修长的感觉。

（4）宋代服饰。

大体上沿袭了隋唐旧制。但由于宋朝常年处于内忧外患交并之中，加上程朱理学等因素的影响，这一时期的服饰崇尚简朴、严谨、含蓄。唐代的软脚幞头这时已经演变为了内衬木骨、外罩漆纱的幞头帽子。皇帝和达官显宦戴展脚幞头，公差、仆役等戴无脚幞头，儒生戴头巾。宋代男子服装仍以圆领袍为主，官员除祭祀朝会以外都穿袍衫，并以不同的颜色区分等级。宋代女子的发式以晚唐盛行的高髻为贵，簪插花朵已成风习。宋代的女裙较唐代窄，而且有细褶；衫多为对襟，覆在裙外（见图 19-1）。

图 19-1 宋朝对襟

（5）明制服饰。

明制服饰是中国古代服饰文化的集大成者。在结构剪裁上进一步强化了"十字形"平面结构，即无论袍、衣、袄哪个品类，都采用整幅料对合，然后按衣服长度双幅对折，以料一边为准，按下摆、腰宽的1/2和袖宽一剪裁而成，即"一剪法"。明装与唐装相比，在于衣裙比例的明显倒置，由上衣短下裳长，逐渐拉长上装，缩短露裙的长度。衣领也从宋代的对领变成以圆领为主。明代女装上衣是三领窄袖，身长三尺有余，露裙二三寸，即所谓"花冠裙袄，大袖圆领"。明代还有一种特殊式样的帔子，因其形美如彩霞，故得名"霞帔"。

（6）元代比甲。

比甲是一种无袖、无领的对襟两侧开叉及至膝下的马甲，其样式通常较后来的马甲要长，一般长至臀部或至膝部，有些更长，离地不到一尺。这种衣服最初是宋朝的一种汉服款式，无袖长罩衫，又叫做"背心"（见图19-2）。

（7）明代马面裙。

汉服的一种，又名"马面褶裙"（见图19-3），前后共有四个裙门，两两重合，侧面打褶，中间裙门重合而成的光面，俗称"马面"。马面裙始于明朝，延续至民国。明代马面裙较为简洁，两侧的褶大而疏，为活褶。有没有任何装饰的马面裙，有装饰底襕的，有装饰底襕＋膝襕的裙子。和清代汉人女子所着马面裙不同的是，明代马面裙不重视马面的装饰，多与裙襕一体。

图19-2　明万历朝无袖方领寿字纹刺绣比甲

图19-3　马面裙

流程 2：汉服走秀活动

（1）需租借不同朝代汉服；

（2）安排汉服秀同学排练走秀；

（3）走秀结束，举办汉服知识竞赛活动。

请现场其他同学分组竞猜出场展示的是哪个朝代的服饰，你是怎么辨认出来的？这个时期的服饰有哪些特点？

流程 3：汉服的形制展示

（1）分小组，不同小组身着不同形制服饰；

（2）小组依次做展示，介绍这些形制的主要特点。

汉服的形制主要有"深衣"制（把上衣下裳缝连起来）、"上衣下裳"制（上衣和下裳分开）、"襦裙"制（襦，即短衣）等类型。其中，上衣下裳的冕服朝服为帝王百官最隆重正式的礼服；袍服（深衣）为百官及士人常服；襦裙则为妇女喜爱的穿着。普通劳动人民一般上身着短衣，下穿长裤。汉服的款式虽然繁多复杂，且有礼服、常服、特种服饰之分，但是仔细分析，根据其整体结构主要分为三大种类。

第一种是上衣下裳相连在一起的"深衣"制。即上衣和下裳分开裁剪，在腰部相连，形成整体。

第二种是"上衣下裳"制，包括冕服、玄端等，是君主百官参加祭祀等隆重仪式的正式礼服。顾名思义是分为上身穿的和下身穿的衣物。华夏服饰自古以来，崇尚上衣下裳，并规定"衣正色，裳间色"，也就是说，上衣颜色端正而且纯一，下裳则色彩相交错。这种方式好比是"天玄地黄"，因为天是清轻之气上升而成，所以用纯色，地是重浊之气下降而成，所以用间色。

第三种为"襦裙"制，主要有齐胸襦裙、齐腰襦裙、对襟襦裙等，实际上也属于上衣下裳制，但是，这种方式没有很多的礼仪规定，一般是用于常服的。襦裙也是上下分裁的服制最大的反映。"三面梳头，两截穿衣"成了传统女子服饰特点的描述。

汉服的款式以交领（兼有圆领、直领）右衽为主要特点，无扣、系带，宽衣大袖，线条柔美流动，飘逸灵动。而交领右衽是贯穿始终的灵魂所在。汉服的裁剪方法一直采用平面裁剪，且用料足，所以无论是秦汉的大袖衣还是明朝的大袖衫，其袖长远远长出手臂，袖肥甚至在穿着后宽到及地。不同时期，也有袖肥窄小的，便于劳动。

流程 4：分小组制作简单汉服

（1）小组绘制汉服设计图（见图 19－4）。

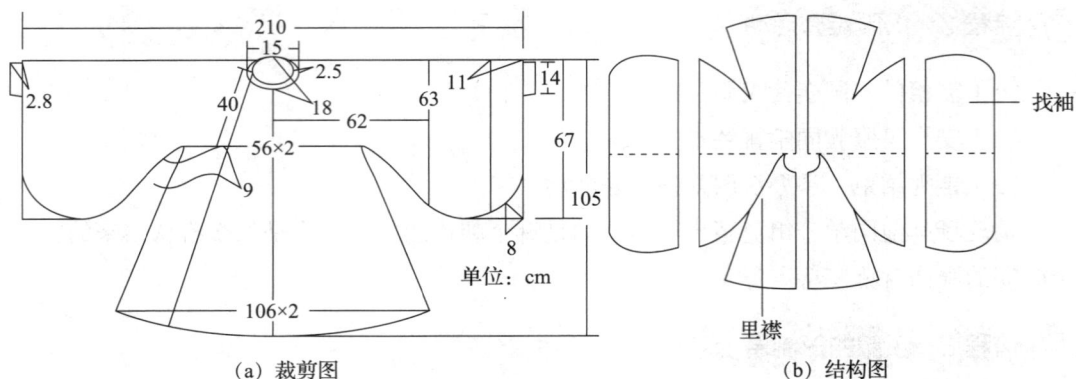

（a）裁剪图　　　　　　　　　　　　　（b）结构图

图 19 - 4　设计图

（2）操作步骤。

第一步，按自己所需长度及自身腰围裁剪合适长方形布料（可拼接），布料长度为腰至脚背的长度，布料宽度为腰围 ×1.5×3（默认全褶），然后三边卷边。

第二步，按自己想要的褶宽开始打褶，做系带——正面对折两边车一道，然后翻过来即可，系带完成。

第三步，取一节与打褶后长度一致的布料，宽度按自身喜好，反面对折熨烫。

第四步，将裙头置于裙身下方，对齐车一道，翻过来正面，此时正面无明线，但需在正面继续车一道，以防裙身风吹时蓬起。

第五步，反面对折熨烫，最后上系带即可完成。

（3）注意事项。

1）面料幅宽够宽。倘若受幅宽限制，并且不在乎多缝合几道缝的话，可以采用拼接式裁剪。此种裁剪方式基本不受幅宽影响，目前市面上所有的面料幅宽都可以使用此方法裁剪，包括最窄的缎子面料。

2）拼接式裁剪方式。最好先裁剪主体的三大片。裁剪时，可以将两块同尺寸的面料对放后一起裁剪，方法是两块料子面对面或者里对里叠放铺平，先裁剪出一样的两块形状，再分别修改，左片去掉打点的部分，右片去掉画斜线的部分。

3）倘若追求汉服"天衣无缝"的效果，尽可能减少缝的存在，可以采用背缝式裁剪，此种成衣效果，仅后背正中有一条明显的缝。

此种裁剪方式的缺点是要求面料幅宽较宽，裁剪时需要的操作空间较大，若面料分里外面，需要仔细考虑左右后再下剪刀，否则容易左衽。优点是需要缝纫的接头较少，对于手工缝合来说最为省时省事。

流程 5：成果展示环节

（1）教师播放关于汉服展的视频，让学生学习其中的走步与动作，然后组织学生穿着自己制作的汉服进行汉服展。

（2）邀请教师及学生观看，宣扬中国传统文化与汉服文化。

活动拓展

如果学校支持，学生可以联合学校社团承办校园汉服文化节。

活动亮点

活动主要分为知识学习、表演、知识竞赛和制作 4 部分，中间还会穿插各种形式的小活动，而活动过程中都会以身着汉服为形式，旨在丰富同学们的课堂文化生活。后期也会拓展各项活动，如编排汉舞、民族乐器演奏、自拍自导汉服戏剧、举行汉服文化节等，以扩大汉服的影响。以上活动都遵循一个原则，即形式为辅，内涵为主。我们将通过汉服这样一种载体，力所能及地去宣扬民族精神与传统文化。

注意事项

1. 不同时期汉服的租借，学生汉服秀的排演，人员安排一定要到位；
2. 汉服制作材料、工具的准备；
3. 活动场地的安排布置。

（策划人：兰州职业技术学院汽车工程与交通运输系 21 级新能源汽车技术 1 班学生、薛衣汉风国学社社长　赵海谚）

乡村稼穑情，中国振兴梦
——"乡村文化传承开发情况调研"活动设计方案

活动主题

　　乡村文化的传承开发对乡村振兴战略调整、优化农村产业结构以及推进社会经济发展发挥着重要作用。传承开发乡村文化，赋能乡村振兴，是实现"两个一百年"奋斗目标和中华民族伟大复兴中国梦的必然要求，具有重大现实意义和深远历史意义。本次实践调研活动，主要引导学生认识乡村文化的内涵，探索乡村文化的价值，理解开发乡村文化资源对于发展乡村文化产业、重塑乡村文化生态、建设美丽乡村、促进乡村有效治理等方面的重要作用，激发学生懂农知农情怀，培养助力乡村振兴的技能型人才（见图 20-1）。

甘 肃 省 教 育 厅

甘教职成函〔2022〕11 号

甘肃省教育厅关于公布甘肃省农村非物质文化遗产传承人工作室立项培育名单的通知

各市（州）教育局，各有关高校、各职业高等院校，各省属中等职业学校：

　　根据《甘肃省教育厅关于开展"技能甘肃"内涵项目建设工作的通知》，经学校申报、市（州）推荐、省级遴选，2021年共确定培育20个甘肃省农村非物质文化遗产传承人工作室，现将培育名单子以公布（详见附件），并将有关事宜通知如下。

　　一、各地各校要高度重视甘肃省农村非物质文化遗产传承人工作室的建设工作，各立项学校要配套建设资金，加大建设支持力度，确保按计划完成工作室建设任务。

　　二、各建设单位按照项目申报表内容，以促进非物质文化遗产传承为目标，以提升教师对非物质文化遗产传承能力为重点，以师徒传承和合作研发为路径，发挥非物质文化遗产传承人的示范引领作用，做好工作室建设工作。

　　三、通过非物质文化遗产传承人工作室的建设，加大对青

附件

甘肃省农村非物质文化遗产传承人工作室立项培育名单

序号	工作室名称	所在学校名称
1	农村非物质文化遗产传承人安龙梅工作室	兰州资源环境职业技术大学
2	农村非物质文化遗产传承人刘吉平工作室	陇南师范高等专科学校
3	农村非物质文化遗产传承人常天平工作室	甘肃建筑职业技术学院
4	农村非物质文化遗产传承人田汀洲工作室	甘肃林业职业技术学院
5	农村非物质文化遗产传承人任向红工作室	甘肃农业职业技术学院
6	农村非物质文化遗产传承人边振明工作室	酒泉职业技术学院
7	农村非物质文化遗产传承人巩万钧工作室	甘肃财贸职业学院

图 20-1　申报成功的乡村文化传承工作室、创新坊

活动目标

知识目标

掌握乡村文化的概念、种类及价值，了解保护传承乡村文化的措施和开发利用乡村文化的对策。

技能目标

能利用调查问卷等辅助资料，对乡村文化开发利用情况进行调研，并学习撰写调研报告、活动总结等。

素养目标

在调研中了解乡村振兴、农业强国等方面的国家政策，培养知农、爱农、懂农、兴农的情怀与志向。

活动对象

（1）各学校开设传统文化公共必修课（或素选课、专业课）的任课教师、任课班级学生。

（2）学校团委及相关学生社团。

（3）各学校涉农、文化、艺术等专业的教师、学生。

（4）相关工作室、创新坊等的团队成员。

活动形式

调研考察。

活动时间

根据课程开设情况，可选择不同的时间开展活动：

（1）课堂活动。开设传统文化公共必修课的学校，可在期末安排活动时间，采用理实一体教学方式开展活动。

（2）课外活动。将传统文化作为选修课的学校，可以将活动安排在课外开展。

（3）假期活动。有些开设涉农、文化、艺术专业的学校，以及一些相关社团，可以利用假期组织师生开展活动。

活动时长

4学时。

活动准备

（1）做好诗歌诵读表演准备，给参加活动的师生每人打印一份纸质版诗歌《诗经·豳风·七月》，组织学生分角色解说、朗诵。

（2）设计好"乡村文化传承开发情况调查表"，给参加活动的师生每人打印1份。

（3）设计好"乡村文化资源一览表"，给每人打印1分纸质版（或者设计成在线上填写的表格，提前分享给参加的人员）。

（4）做好宣传活动的条幅或海报。海报内容通过展架、横幅或电子屏等在活动前呈现在学校适合宣传的地方。

（5）制作PPT课件：活动名称、诗歌《诗经·豳风·七月》内容（线上分享给参加活动的人员）、乡村文化资源等。

活动流程

本次活动分导语、诗歌诵读表演、畅谈乡村文化资源、分享案例、采访调研、总结宣传六个流程，环环相扣，依次进行。

流程1：导语

全面建成小康社会和全面建设社会主义现代化强国，最艰巨最繁重的任务在农村，最广泛最深厚的基础在农村，最大的潜力和后劲也在农村。乡村兴则国家兴，乡村衰则国家衰。中华民族的伟大复兴离不开乡村振兴，乡村振兴离不开文化的助推。党的十九大做出了实施乡村振兴的决策部署，在《中共中央国务院关于实施乡村振兴战略的意见》中提出了"产业兴旺、生态宜居、乡风文明、治理有效、生活富裕"五位一体的总要求。乡村文化的传承开发对乡村振兴战略调整、优化农村产业结构以及推进社会经济发展发挥着重要作用。传承开发乡村文化赋能乡村振兴，是实现"两个一百年"奋斗目标和中华民族伟大复兴中国梦的必然要求，具有重大现实意义和深远历史意义。在国家政策引导支持和群众的广泛参与下，乡村文化工作正在蓬勃发展。甘肃是文化大省，遍布各地的乡村是丰富多彩的文化的重要载体，乡村蕴藏的文化资源有很大的开发利用价值。

流程2：诗歌诵读表演

（1）诵读。

由准备好的同学上台，与大家互动朗诵一首抒写农耕生活的诗歌《诗经·豳风·七月》（参加者至少参与朗诵其中一章内容）（见图20-2），解说引导大家感受诗歌中展现的一幅幅农耕生活场景，体验远古时期先民们的稼穑情、幸福梦（见表20-1）。

图 20 – 2　经典诵读

表 20 – 1　《诗经·豳风·七月》解说内容

《诗经·豳风·七月》内容解说			
序号	农耕生活场景	思想感情	浓浓稼穑情
第一章	一年劳动生活的速写画	悲叹心酸、欣喜宽慰	1. 展示了周人生活的各个方面，就像是一幅幅的风俗画。2. 全诗充满了自然风光和强烈的乡土气息。3. 承载着远古先民渴望温饱、追求幸福的浓浓稼穑情。
第二章	春意盎然的采桑图	伤悲	
第三章	色彩明艳的植桑纺绩图	自豪、不满	
第四章	声势浩大的狩猎图	平静接受、客观反映	
第五章	富有视频效果的动态岁寒图	无奈、悲凉	
第六章	节奏快的吃货图	苦涩	
第七章	匆匆忙忙中绘制的一副修缮图	艰辛、繁忙	
第八章	年终宴饮称觞图	欢乐祥和、和谐喜庆	

（2）诗歌释义。

《诗经·豳风·七月》是最长的一首国风，产生于西周，是反映周人农耕生活的一首长诗，它承载着远古先民渴望温饱、追求幸福的最久远的故事。习近平总书记说："把保护传承和开发利用有机结合起来，把我国农耕文明优秀遗产和现代文明要素结合起来，赋予新的时代内涵，让我国历史悠久的农耕文明在新时代展现其魅力和风采。"

我国是农业发达国家，有悠久的历史，有幅员辽阔的乡村，有世世代代耕织的农民，积淀了底蕴深厚的农耕文化。我国的农业农村曾经有过非常辉煌的历史。乡村是我国农耕文明的发源地，有着丰富的农耕文化遗产，是我国农业农村文化的载体。乡村文化蕴含着我国农耕文化的精髓，不仅是中华文化的重要组成部分，也是美丽乡村建设的灵魂所在，是乡村全面振兴、农业农村繁荣发展的重要资源和不竭动力。

流程3：畅谈乡村文化资源

（1）分组讨论交流。根据不同地点，借助不同文化载体，组织、引导参与活动的师生讨论交流，若在室内活动可借助 PPT 内容，边看边引导学生讨论；若在校史馆、农耕馆等地活动可借助馆藏品，启发学生讨论交流；若去乡村开展活动可以和村民们一起畅谈了解情况，还可以借助农村生产用具和生活用品等认识乡村文化。

（2）填写"乡村文化资源一览表"（见表20-2）。分发打印好的"乡村文化资源一览表"，根据以上讨论交流情况和填表要求，小组成员共同填写完成（线上完成），也可根据学生学习程度，每人填写一份表（线下完成）。通过填写完成的"乡村文化资源一览表"，引导学生整体感知丰富的乡村文化资源。

表20-2　乡村文化资源一览表

主类	亚类	基本类型（教师引导，学生填写的内容）
乡村物质性文化	田园景观	农业生产景观、村镇布局景观、民居庭院景观
	建筑设施	村落、民宅、祠堂、集市、遗址遗迹
	农耕生活	农业生产过程、农产品加工过程、生产实施设备
	乡村饮食	农副产品、农产品加工品、宴席、风味小吃
	服装服饰	服饰、服装、装饰
	手工艺品	雕刻塑造工艺品、编制工艺品、特殊工艺品
乡村精神性文化	礼俗信仰	宗教信仰、礼俗禁忌
	权利制度	村规乡约、族规家法、民间组织关系
	礼仪习俗	人生礼仪习俗、生产仪俗、岁时节日民俗
	规划布局	村落规划、庭院布局、房屋布局结构
	民间艺术	地方戏曲、地方曲艺、舞蹈、歌曲、音乐
	杂技游艺	杂技、游戏游艺、体育竞技
	语言文学	神话传说、民间故事、歌谣诗歌、谚语谜语

注：乡村文化包括乡村的物质财富和精神财富，是乡村振兴的宝贵资源。乡村文化的价值既有显性的也有隐性的，相对而言乡村物质性文化的价值表现属于显性的，乡村精神性文化的价值属于隐性的。显性的价值容易发现，隐性的价值藏于幽曲，往往被人们所忽略，而往往隐性的作用更加巨大。

流程4：分享乡村文化赋能乡村振兴的有关案例

案例1：袁家村——乡村生活的传奇样板（百度搜索）

案例2：晒秋，"晒"出小康新愿景（《光明日报》2022年08月05日07版）

案例3：甘肃石节子村美术馆（百度资料：艺术在乡土和雨水中生长——石节子村

的一场艺术乡建；乡村振兴背景下的乡村文化发展——关于天水石节子村的调研启示；甘肃农业职业技术学院学子三下乡：感受魅力乡村。见图 20 - 3）

图 20 - 3　甘肃农业职业技术学院的师生赴天水石节子村调研

【案例启示】乡村文化的价值主要体现在以下三个方面：

第一，乡村文化是教化群众、凝聚人心的精神财富。乡村文化在不断适应村民生活的基础上发展传承，村民对乡村文化有极大的认同感。乡村文化不但对人们的思想行为有引导和教育作用，还会激励人们按先进人物的轨迹实现人生价值，对不文明的现象进行道义、良心的谴责和舆论的监督，从而有效地消除和减少不良风气、营造良好的社会风气。乡村文化中树立的各类勤劳致富的事例和思想道德先进典型、创造的丰富多彩的文学艺术形象都会成为村民进步的推动力量。乡村文化有艰苦奋斗、勤俭节约、尊老爱幼等较为深刻的思想内涵，在化解社会矛盾、凝聚村民力量等方面有着不可替代的作用。繁荣发展乡村文化有利于教化村民、淳化民风、凝聚人心，有利于广大村民树立正确的价值观和是非标准，培养有素养的新时代农民，为乡村振兴提供巨大的精神动力和思想保证。

第二，乡村文化是发展创意农业、振兴乡村产业的智慧资源。乡村传统文化，是一代代农民在不断的生产实践中积累下来的，有极为丰富的政治、经济、社会、历史、文化等方面的信息，在传承过程中，累积了历代传承者的智慧、技艺和创造力，也凝聚了传承者们的思维、情感、价值观等，使之成为人类智慧和创造力的结晶。乡村文化与当地产业融合能增强对产业的认同感，也可以产生许多新产品、新服务，创造新需求，开辟新市场，优化资源配置和市场竞争格局，并最终成为经济增长的新动力。传承开发乡村文化资源和民间智慧，发掘乡村文化特色，为文化产业发展提供智慧支撑，能促进产业兴旺，助推乡村富裕。

第三，乡村文化是增强乡村吸引力、提升美丽乡村建设品质的软实力。乡村文化的保护与传承有利于提高乡村建设的品位和品质。同样，作为中华农耕文明智慧结晶的乡村文化也能为乡村赋予一种神奇的魅力，是乡村增强吸引力、把乡村的绿水青山化为金山银山的软实力。

流程 5：调研乡村文化传承开发情况

借助填写"乡村文化传承开发情况调查表"（见表 20-3），根据调研地点的不同，选择不同的对象和调查方式，完成对乡村文化传承开发情况的调研。

（1）课堂活动。在学校教室或其他室内开展活动，建议以下面几种方式活动：一种是学生互相采访，通过师生回顾畅谈乡村生活经历完成调研；一种是分组后由小组成员按照任务分派，通过互相采访完成不同内容的调研；一种是师生互相讨论交流，共同完成调研活动。

（2）课外活动。采访调研的对象可以选择有农村生活经历的师生，也可以到校外选择合适的人选，完成调研。

（3）赴具有代表性的乡村开展活动。通过田野观察、采访交流、农家体验等方式，进行深入采访调研，填写完成"乡村文化传承开发情况调查表"。

表 20-3 乡村文化传承开发情况调查表

主类	亚类	基本类型	传承开发情况描述
乡村物质性文化	田园景观	农业生产景观	
		村镇布局景观	
		民居庭院景观	
	建筑设施	村落	
		民宅	
		祠堂	
		集市	
		遗址遗迹	
	农耕生活	农业生产过程	
		农产品加工过程	
		生产实施设备	
	乡村饮食	农副产品	
		农产品加工品	
		宴席	
		风味小吃	

续表

主类	亚类	基本类型	传承开发情况描述
乡村物质性文化	服装服饰	服饰	
		服装	
		装饰	
	手工艺品	雕刻塑造工艺品	
		编制工艺品	
		特殊工艺品	
乡村精神性文化	礼俗信仰	宗教信仰	
		礼俗禁忌	
	权利制度	村规乡约	
		族规家法	
		民间组织关系	
	礼仪习俗	人生礼仪习俗	
		生产仪俗	
		岁时节日民俗	
	规划布局	村落规划	
		庭院布局	
		房屋布局结构	
	民间艺术	地方戏曲	
		地方曲艺	
		舞蹈	
		歌曲	
		音乐	
	杂技游艺	杂技	
		游戏游艺	
		体育竞技	
	语言文学	神话传说	
		民间故事	
		歌谣诗歌	
		谚语谜语	

活动总结

　　活动前期，通过海报、活动条幅、学校宣传平台等对活动进行介绍宣传；活动结束，安排小组成员分别撰写活动总结、调研报告、新闻稿件（也可选择撰写 1 种），对活动进行总结评价、理论提炼、线上线下报道宣传，扩大影响力，激发更多的学子参加学习传统文化活动、参与传承乡村文化、助推乡村振兴的热情。

　　1. 调研报告三部分内容写作要求：基本情况，发现的问题，提出对策。

2.活动总结内容写作要求：活动基本情况，好的经验及收获，不足及吸取的教训，今后打算。

3.新闻稿写作要求：活动时间、地点，组织者及参加者，活动情况，活动目的、意义及影响效应。

活动拓展

本次活动可以融合大学生暑期社会实践开展，如融合推普助力乡村振兴、大学生"三下乡"、专业实习、创新创业等活动，将专业学习、社会服务、文化传承、创新创业等与助力乡村振兴结合，能够更加有效地推动技能型人才的成长。

活动亮点

1.将文化保护传承与社会实践活动相融合，有利于文化资源创造性转化和创新性发展。

2.将文化实践活动与专业学习、社会服务相融合，有利于培养学生的综合素养和能力。

3.将文化学习与文化社会调研相结合，有利于提升学生文化赋能乡村振兴的意识和能力。

注意事项

1.在调研活动中适当融入对乡村文化理论知识的讲解，引导学生充分认识乡村文化资源的丰富性，增强保护传承和开发利用文化资源助力乡村振兴的意识，切忌让调研流于形式。

2.对"乡村文化资源一览表"的使用注意适当删减，在"畅谈乡村蕴藏的文化资源"的环节，可以在讨论交流过程中不填表，直接将该表完整的内容展示给学生即可。

3.在"调研乡村文化传承开发情况"的环节，可以将"乡村文化传承开发情况调查表"中"基本类型"这一列的内容删除。注意根据学生对乡村文化的接受程度，对调研内容进行增减，可以选择只对乡村精神性文化或者只对乡村物质文化的开发利用情况进行调研。

（策划人：甘肃农业职业技术学院办公室　任向红）

袭千年遗韵，传祖先奇艺
——"文博知识传承体验"活动设计方案

活动主题

"天有时，地有气，材有美，工有巧，合此四者，然后可以为良。"在几千年的发展历程中，我们的祖先匠心灵思，利用自然万物，创造了很多有用而精美的器物，为人类的文明贡献了自己独特的智慧。博物馆中的每一件器物，都向我们诉说着中华文明的辉煌过往，它们连接了过去、现在和将来。走进博物馆，带领学生回顾我们文明的发展历程，了解祖先奇艺，感受中华文化的力量，不仅能提升学生的审美实践水平，还能加强他们的文化传承与保护的意识和能力。

活动目标

知识目标

通过博物馆里沉睡的展品，了解丰富多彩的文博知识，学习博大精深的中华民族优秀传统文化，提升学生的文化知识和人文素养。

技能目标

增强学生的团队合作和责任意识，提高其实践动手能力和组织协调能力。

素养目标

提高学生对文物的鉴赏能力和对艺术的审美水平；增强文化自信，唤起学生的民族自豪感；激发学生百折不挠的进取意志，保持乐观向上的精神状态，努力成为堪当民族复兴重任的时代新人。

活动对象

学习本课程的全体学生。

活动形式

博物馆参观实践为主，课堂教学为辅。

活动时间

学期内配合教学计划展开。课堂讲解 1 课时，校外参观 2 课时，学生操作实践 2 课时，学生课堂总结分享 1 课时，总计 6 课时。

活动准备

1. 学生提前阅读文博相关书籍：《中华上下五千年》《博物馆里的奇妙中国》《国宝档案》《文博荟萃》《文博创造力》等，并完成思维导图，准备阅读心得体会，发言交流。

2. 搜集资料，打印中国历史文化遗存中自己最喜欢的文物图片及简介，为同学讲解文物背后的历史及故事。

3. 文物知识建构。

第一部分　以石为器　抟土成陶——石器与陶器

【石器和陶器】石器和陶器是石器时代的标志性器物。石器主宰了整个旧石器时代，这一时期的人类打制石器用于生产生活。进入新石器时代，陶器开始出现，这种以泥和黏土制成的生活用具，一跃成为人类文明发展的重要标志。陶器的发明也大大改善了人类的生活条件，开辟了人类发展史的新纪元。

石器时代是考古学对早期人类历史分期的第一个时代，大约始于距今二三百万年，止于距今 5000 至 2000 年左右，分为旧石器时代、中石器时代与新石器时代。大体上分别相当于人类体质进化的能人和直立人阶段、早期智人阶段、晚期智人阶段。旧石器时代使用的打制石器有砍砸器（见图 21 - 1）、刮削器、尖状器（见图 21 - 2）等。新石器时代盛行磨制石器，常见的有斧、凿、刀、镰、犁、矛、镞等。

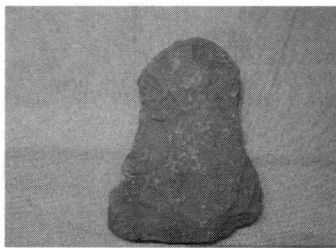

图 21 - 1　砍砸器

图 21 - 2　尖状器

【大地湾文化】大地湾遗址是一处规模较大的新石器时代遗址。大地湾遗址最早距今 7800 年，最晚距今 4800 年，有 3000 年文化的连续。除陶器（见图 21 - 3）、骨角器、石器、蚌器、原始雕塑等艺术珍品外，大地湾的房屋建筑遗址不仅规模宏伟，而且形制复杂、规格高，F901 房址更是开创了后世宫殿建筑的先河。

【仰韶文化】仰韶文化是指黄河中游地区一种重要的新石器时代彩陶文化，其持续时间为公元前 5000 年至公元前 3000 年，是我国新石器时代彩陶（见图 21 - 4）最丰盛繁华的时期。它位于黄河中游地区，遍及甘肃、陕西、山西、河南、河北、宁夏等地。仰韶文化的制陶工艺相当成熟，器物规整精美，多为细泥红陶和夹砂红陶，灰陶与黑陶较为少见。其装饰以彩绘为主，于器物上绘精美彩色花纹，反映了当时人们生活的部分内容及艺术创作的聪明才智。另外，还有磨光、拍印等装饰手法。造型有杯、钵、碗、盆、罐、瓮、盂、瓶、甄、釜、灶、鼎、器盖和器座等，最为突出的是双耳尖底瓶，线条流畅、匀称，极具艺术美感。由于时间跨度与分布地域的不同，仰韶文化可以分为半坡类型和庙底沟类型。

图 21 - 3　陶器

图 21 - 4　彩陶

【马家窑文化】马家窑文化是仰韶文化向西发展的一种类型，是齐家文化的源头之一，有马家窑、半山、马厂等类型。马家窑文化以彩陶器为代表，它的器形丰富多样，图案极富于变化和绚丽多彩，彩陶红、黑、白彩共用，线条流畅细致，奠定了中国画发展的历史基础与以线描为特征的基本形式。马家窑文化彩陶是彩陶艺术发展的顶峰，被誉为新石器时代的"彩陶之冠"。

【齐家文化】齐家文化的出现与中原龙山时代晚期和夏王朝大体同时。主要分布于甘肃中东部、河西走廊、宁夏南部及青海东部，是黄河上游地区新石器时代晚期至青铜时代早期重要的地域文化。这一时期盛行素陶，彩陶数量大幅减少，品质也远不及前代。齐家文化的陶器以黄色陶器为主，且有刻创纹路，并常有绳纹，主要有泥质红陶和夹砂红褐陶，一些器物的表面施以白色陶衣。

第二部分　俑为侍奉　器用随之——随葬陶俑

孔子说"始作俑者，其无后乎"，这是对封建社会随葬风气的无情鞭挞。早在石器时代，就有活人殉葬的先例，少则一人，多则几百人，在秦汉时期，活人殉葬被陶俑代替。陶俑在古代雕塑艺术品中占有重要的位置，是古代墓葬雕塑艺术品的一种。俑的使用是为了使死者能在冥世继续如生前一样生活，所以俑真实负载了古代社会的各种信息，对研究古代的舆服制度、军阵排布、生活方式乃至中西文化交流皆有重要的意义。

陶俑艺术的代表是秦代陶俑、汉代陶俑、唐三彩俑。

秦代陶俑都是模拟真实形象以写实风格塑造的，特别在衣甲服饰、发髻冠巾的刻画上，真实地表现了秦代各类人物的面貌。

汉代陶俑是中国古代陶俑艺术发展的第二个高峰，种类繁多，除了传统的男女侍俑外，还有武士俑、骑马俑、文官俑、武官俑、歌舞伎乐俑、百戏俑等。此外，陶畜禽俑在汉代大量出现，如马、牛、羊、猪、犬、鸡、鸭、鸟等。

唐三彩是一种十分有名的彩色釉陶瓷，它是唐代低温烧制的彩色釉陶器的总称。唐三彩之"三彩"指的是以绿、黄、白为主，但不限于这三种颜色。在唐代，唐三彩的用途之一是作为陪葬明器。唐三彩的种类很多，从动物到人物，从家具、酒具、碗盘、水器到文具都有，是对当时唐代社会的反映。图 21 - 5 为唐三彩男俑。

图 21 - 5　唐三彩男俑

镇墓兽是我国古代墓葬中常见的一种明器。从考古发现来看，镇墓兽最早见于战国楚墓，流行于魏晋至隋唐时期，五代以后逐渐消失。在楚墓中，只有贵族的墓才可以随葬镇墓兽，且每座墓室只有一只镇墓兽。隋唐时期，镇墓兽已经不限于一只了。从质地来看，起初由木铜所制，随后改为陶石，隋唐时变成了瓷土。装饰则由早期的漆绘、嵌金银工艺至魏晋、北朝的简单粉绘，再到隋唐的粉彩、三彩。

第三部分　字里行间　印刻时光——活字印刷

自从汉朝蔡伦改良纸的生产以后，书写材料比起过去用的甲骨、简牍、金石和帛要轻便、经济多了，但是抄写书籍还是非常费工的，远远不能适应社会的需要。唐朝发明了雕版印刷术，而且唐朝中后期已经普遍使用雕版印刷术。宋朝发明了活字印刷术，这种印刷术减少了刻板的工序，非常简便实用。

活字印刷术的发明是印刷史上一次伟大的技术革命。北宋庆历年间（1041—1048），毕昇发明的泥活字标志着活字印刷术的诞生。元代的王祯成功创制木活字，又发明了转轮排字。

活字印刷术是一种古代印刷方法，是中国古代劳动人民经过长期实践和研究发明出来的。活字印刷的步骤为：

第一步：制作毛坯。用胶泥做成一个个规格一致的毛坯，在一端刻上反体单字，字划突起的高度像铜钱边缘的厚度一样，用火烧硬，成为单个的胶泥活字。遇到不常用的冷僻字，如果事前没有准备，可以随制随用。

第二步：存放。把制作好的毛坯分类放在木格子里，贴上纸条标明。

第三步：排版。排字的时候，用一块带框的铁板作底托，上面敷一层用松脂、蜡和纸灰混合制成的药剂，然后把需要的胶泥活字拣出来，一个个排进框内。排满一框就成为一版，再用火烘烤，等药剂稍微融化，用一块平板把字面压平，药剂冷却凝固后，就成为版型。

第四步：印刷。印刷时，只要在版型上刷上墨，覆上纸，加一定的压力就行了。为了可以连续印刷，可用两块铁板，一块印刷，另一块排字，两块交替使用。

～ 活动流程

▌ 流程 1：课堂知识讲解

引导学生通过自学、收集资料及课堂知识讲解了解中华民族悠久历史文化及文博知识。

▌ 流程 2：参观博物馆

参观当地博物馆或者在线博物馆。

▌ 流程 3：开展实践活动

与博物馆合作，开展陶器制作、彩陶绘画、活字印刷等实践活动。

流程 4：将学生分组

在教师的指导下，将学生按活动版块分为 3 组。

第一组：陶器素坯制作组。

第二组：彩陶绘画装饰组。

第三组：活字印刷体验组。

流程 5：进行任务分工

各小组选出组长并进行任务分工，然后将小组成员及分工情况、主要职责填入表 21 - 1 中，以便据此开展活动。

表 21 - 1　小组分工

小组		版块主题	
成员及分工	姓名	主要职责	
组长			
组员			
组员			
组员			

流程 6：总结分享

学生在课堂上对此次活动进行总结分享。

活动总结

2014 年 4 月 19 日，习近平总书记在广西考察工作时的讲话中指出："中华民族历史悠久，中华文明源远流长，中华文化博大精深，一个博物馆就是一所大学校。"对博物馆而言，其存在的基本意义就是"传承文化，传播文化"，即让每个中华民族子孙了解自己的文化、传递民族记忆、塑造民族精神。

此次教学以及实践活动，旨在培养大学生对中华民族悠久历史文化的学习兴趣，提升民族自豪感和审美水平，加强对历史文化的传承与保护，弘扬主旋律，传播正能量，坚定文化自信，积极践行社会主义核心价值观，以实现中华民族伟大复兴为己任，不负民族重托、不负伟大时代。

活动拓展

　　我国博物馆数量多、类型丰富，学生在对石器、陶器、印刷术等馆藏文物了解和实践的基础上，希望能够进一步进行其他方面的文化实践活动。把课堂理论学习与实践结合起来，进而拓展到农业、中医等方面，激活学生的文化知识，加强学生对我国优秀传统文化的传承效果。

活动亮点

　　1. 理论与实践相结合。结合中华优秀传统文化课堂教学进行相关的实践活动，有助于增强课堂效果，加强学生对知识的理解与认识，丰富学生的学习方式。

　　2. 校外参观与团队协作相结合。文化涉及面广，仅靠课堂讲解只能窥见其冰山一角，丰富的校外活动有助于提高学生的学习兴趣，也有助于拓宽其学习渠道。在实践中，通过小组活动，学生可提高团队协作能力，树立团队意识。

注意事项

　　1. 知识准备要围绕本次活动主题展开，范围不可太大。

　　2. 在校外参观时要提醒学生注意博物馆参观注意事项。

　　3. 校外实践活动要在专业人士的指导下进行，以防发生意外情况。

（策划人：甘肃林业职业技术学院办公室　杨伟奇）

百善孝为先，振兴德之本
——"寒假孝道文化实践"活动设计方案

☁ 活动主题

　　孝道，是中华民族的传统美德，是修身立德之根本，更是当代大学生思想政治教育的重点。全面落实大学生思想政治教育，进一步培育和践行社会主义核心价值观，弘扬孝道文化，传承中华美德，构建和谐校园，是我们思政工作的重要内容。在中国人的心目中，孝是立身之本，是家庭和睦之本，是国家安康之本，也是人类延续之本。利用寒假和中国传统节日——春节，积极开展主题为"孝道新春"的孝道文化教育实践活动，让学生在实践中体验和感悟孝之心、孝之行和孝之道。

☁ 活动目标

知识目标

　　了解孝道的内涵与精神；了解《孝经》《论语》《弟子规》等国学典籍中关于孝、亲的经典篇章，让传统美德浸润学生的心灵。

技能目标

　　引导学生从"养父母之身、养父母之心、养父母之志、养父母之慧"四方面践行孝道，升华对孝道的理解和感悟。

素养目标

　　培养学生孝的品质，对父母能够做到养其心、暖其心、解其忧、尊其严、承其志、继其业，将孝敬自己的父母推广至孝敬天下父母，再推广至爱兄弟姐妹，爱普罗大众，爱国家、社会乃至全人类，这必将成就学生的大孝和博爱。

☁ 活动对象

　　在校生。

活动形式

学生通过亲手制作孝心礼物、书写家书、帮父母干活、伺候服侍长辈、看望母校老师、讲述孝子故事、关爱空巢老人等，践行中华孝道。

活动时间

寒假期间。

活动准备

1. 在各院系开展"百善孝为先　感恩父母情"讲座（见图22-1），加深学生对中国孝文化的理解和认同。通过"爱的唤醒"沉浸式体验活动，引起学生的情感共鸣，引导学生现场书写"孝心卡"，让学生懂得知恩报恩、饮水思源，常怀感恩之心。

图 22-1　孝道讲座

2. 各院系加强孝道方面的宣传教育，向在校生发放校本读本《青春作伴好读书》，利用互联网平台在实践活动前发放调查问卷，了解学生对孝道的理解。

活动流程

流程1：开展"感恩父母·点滴回报"孝道实践活动

充分利用寒假有利时机，主动为父母及家人做力所能及的事情。通过为家人手工制作一份特别的新年礼物，表达对父母及家人的祝福和感谢，并通过文字、图片和视频等方式记录下来。完成一封给父母的信，表达对父母的感恩之情。学院将安排相关教师负责遴选优秀的信件，以学院的名义把信件寄给学生的父母。

流程 2：开展"铭记师恩·探访母校"孝道实践活动

利用假期返乡之际，走访曾就读的中学和小学，了解母校的基本情况，看望母校老师，感谢老师的培养。请学生的恩师写下对他人生的寄语，通过视频、照片等方式记录下珍贵的镜头，并完成一篇活动小结。

流程 3：开展"志愿奉献·爱心传递"孝道实践活动

利用假期走进社区、村镇、空巢老人家庭、敬老院等，通过敬老助残、扶贫帮困、公益劳动等志愿服务活动，为社会奉献爱心。请用视频、照片记录下温暖感人的镜头，并完成一篇活动小结。

流程 4：开展"传承美德·寻访孝子"孝道实践活动

关注身边孝老爱亲的榜样，通过照片和视频方式记录孝子感人的故事，并将孝子的典型事迹记录下来，完成一篇活动小结。

流程 5：开展"经典阅读·感悟亲情"孝道实践活动

在寒假里认真阅读《青春作伴好读书》和其他关于孝道文化的文章、图书，让阅读成为学生的生活方式。通过阅读，学生可感受到中华几千年孝道文化的博大精深，读完后完成一篇感悟文章。

活动总结

一个"孝"字写尽了天下儿女对父母孝养、孝敬的真挚感情，写出了对社会上所有老人的关爱与帮助，一个"爱"字道出了千万父母对儿女的真挚感情，也道尽了千万儿女对父母养育之恩的真心回报。通过孝道文化实践活动，唤起学生的文化自信，把孝老爱亲的传统美德传递下去，让传统美德永远在中华大地上熠熠生辉。

活动拓展

为弘扬孝道文化精神，让学生树立正确的孝道观，学生社团、班级积极开展"孝道文化实践活动"交流分享会，由学生对自己假期的实践以及对孝道文化的理解进行分享交流。通过此次交流学习，学生深刻体会到孝道的重要性。

活动亮点

1. 以知孝、行孝、扬孝为抓手，对学生进行传统孝道教育。

《论语》中说："事父母，能竭全力。"孝敬父母只要发自内心、尽心尽力即可，这就是真孝，不必强求给予父母物质的富足。体现在态度上，就是对父母悉心照顾、细心呵护、暖心开导、尽心侍奉，让父母平安快乐地安享晚年，以此培养我们的仁爱之心、恭敬之心、感恩之心。全院学生不仅积极参与到实践活动中，而且很多学生把孝道文化活动的成果与《牵妈妈的手》的实际活动结合起来，扩大了孝道文化教育实践活动的覆盖面、影响力，切实提高了孝道文化的践行效果，促进了健康人格的养成。通过实践活动，学生深刻体会父母的无私与伟大，教师引导学生用实际行动回报父母的养育之恩，继而转化为"老吾老，以及人之老；幼吾幼，以及人之幼"的一种博爱情怀。

2. 通过一系列孝道文化教育实践活动，培养学生孝老爱亲意识，做一个有孝心、尊敬老者的大学生。

利用中国传统节日——春节，开展主题为"孝道新春"的孝道文化教育实践活动，全院学生紧紧围绕"感恩父母·点滴回报""铭记师恩·探访母校""志愿奉献·爱心传递""传承美德·寻访孝子""经典阅读·感悟亲情"主题，在实践中体验和感悟孝之心、孝之行和孝之道，在生活中做到孝老爱亲。为人子当尽孝，在家里尽孝，那是小孝、小爱。而对他人的关爱，为天下苍生谋福利，那是大孝、大爱。在寒假前专门开会部署并向全院学生发出倡议，号召全院师生全身心积极投入传统孝道文化教育实践活动中来，这是加强大学生思想政治教育，全面落实新时代高校思政工作"立德树人"的重中之重；而继承和弘扬中华民族传统美德，是培育和践行社会主义核心价值观的必由之路。

3. 切实将孝道文化付诸实践活动，以孝德润身，唤醒学生的感恩之心。

倡导和树立"以孝为先"的良好道德风尚，弘扬孝老爱亲的中华传统美德，大力营造孝敬父母、关爱老人、感恩社会、感恩母校的浓厚氛围。同学们以"一封家书"为主，将感恩凝聚在笔端，通过书信的方式表达对父母的爱和感激之情，筑起了父母与子女沟通的心灵之桥；身体力行，帮助父母和长辈做家务、洗脚、捶背、梳头、照顾生病的家人；走访母校，看望恩师；走进社区、街道关心和帮助孤寡老人；认真阅读《青春作伴好读书》，感受中华孝道文化的博大精深（见图 22-2）……孝道文化教育实践活动使学生学会体察父母的辛苦，促成家校形成合力，以及家庭与学校生活的和谐。

图 22-2　孝道文化教育实践活动

注意事项

1. 各院系接到此方案后，认真学习，合理安排，要求全体学生于寒假结束后提交一份活动小结、一篇读书感悟以及相关活动的照片和视频资料。

2. 各院系须充分掌握学生寒假的去向，广泛征集书面材料。

3. 各院系于寒假结束后收取学生的活动小结、读书感悟和照片、视频资料，做出活动总结，同时甄选出优秀活动小结在院系做交流报告。其中，学生写给父母的一封信不少于 20 份，视频和照片资料不少于 20 份。

4. 各院系汇总工作，下学期开学第一周将相关材料交至教务处。

5. 各院系可根据实际情况补充孝道文化教育实践活动项目。

附件1

20××年寒假孝道文化教育实践活动倡议书

大爱无言恩情常铭记　桃李有情报得三春晖

亲爱的同学们：

时光荏苒，转眼又到了寒假，当远方的你怀揣乡愁回到温暖的家，你是否看见了父母老去的容颜？你是否认识到是父母呵护着我们成长，给了我们无尽的爱？

来到这个美丽的世界上，我们时时刻刻都在感受着父母的养育之恩、师长的谆谆教诲、学校的悉心关爱、社会的爱心关怀和大自然的慷慨赠予。

鲜花感恩雨露，因为雨露滋润它成长；苍鹰感恩长空，因为长空让它飞翔；高山感恩大地，因为大地让它高耸。拥有一颗感恩的心，才会懂得回报父母生育、养育之恩；拥有一颗感恩的心，才会懂得珍视老师启蒙、教育之恩；拥有一颗感恩的心，才会懂得珍惜社会和大自然供养之恩。

常怀感恩之心，在新春佳节到来之际，请你拿起这份饱含感恩情愫的倡议书，带着一颗感恩的心慢慢读，探寻沉甸甸的乡愁和感恩之情，你会发现，原来孝心孝道这么重要，原来感恩就在我们身边。希望亲爱的同学们行动起来，希望亲爱的同学们积极配合，按照要求完成以下任务。

一、"感恩父母·点滴回报"孝道文化教育实践活动

有一种爱，一生一世不求回报，那就是父母的爱！如果你要感谢父母的养育之恩，就请和爸爸妈妈谈一次心，请向爸爸妈妈说一句温暖的话，请给爸爸妈妈做一张贺卡，请给爸爸妈妈献一束鲜花，请给爸爸妈妈敬一杯香茶。如果这些还不足以表达你的浓情，那就用真挚的感情给父母写一封信，表达对父母的感恩之情。学院将甄选优秀的信件，以学院的名义把信件寄给你的父母，让真情传递幸福！

二、"铭记师恩·探访母校"孝道文化教育实践活动

繁星忘不了夜的陪衬；江河忘不了源头的奉献；花木忘不了风雨的洗礼；学子忘不了老师的教诲。请你探访小学、初中和高中对你影响很大、值得你终生铭记的恩师，请恩师写下对你人生的寄语，请你用视频记录下那难忘的、珍贵的镜头，和同学们一起分享。

三、"志愿奉献·爱心传递"孝道文化教育实践活动

如果你有足够的时间，如果你有足够的爱心，请你走进社区，走进村镇，走进空巢老人家庭，走进敬老院，通过敬老助残、扶贫帮困、公益劳动等志愿服务活动，为社会奉献爱心。

四、"传承美德·寻访孝子"孝道文化教育实践活动

传承中华传统美德，关注社会，关注身边孝老爱亲的榜样，或用饱含感情的笔触记录他们的典型事迹，或用视频记录孝子感人的故事。

五、"经典阅读·感悟亲情"孝道文化教育实践活动

在寒假里请认真阅读《青春作伴好读书》和其他关于孝道文化的文章、图书，让阅读成为我们的生活方式，你会感受到中华几千年孝道文化的博大精深，你会感受到中华几千年孝道文化的情真意切。请有感而发，写一篇感悟文章。

如果你有足够多的关于孝道的知识和积累，请你填写完成《大学生孝道现状调查问卷》。

亲爱的同学们，感恩父母吧！它会使你亲情永驻，心里永远感到满足；感恩师长吧！它会使你爱心满满，在成长的道路上充满信心与活力；感恩社会吧！它会使你爱心传递，为社会奉献爱心和智慧。

亲爱的同学们，让我们行动起来。让阳光温暖人间，让生命充满生机，让亲情友情充满这个世界，让感恩的歌唱响华夏大地！让孝道文化教育实践活动落地生根，结出硕果！

附件 2

大学生孝道现状调查问卷

1. 你所在的系是：＿＿＿＿＿＿＿＿＿

2. 你的性别是（　　）。

A. 男　　　　　　　　　B. 女

3. 你认为什么是孝顺呢？（　　　）

A. 尽可能顺从父母　　　　　　　　B. 让父母生活富足

C. 让父母心情愉快　　　　　　　　D. 满足父母对自己的期望

4. 你对父母的健康情况和生活情况了解多少？（　　　）

A. 不了解　　　　B. 很清楚　　　　C. 知道一点

5. 你认为传统孝道在今天还有发扬的必要吗？（　　　　）

A. 很有必要　　　　　　　　　B. 有必要但需要改进

C. 不清楚　　　　　　　　　　D. 没必要

6. 你尽孝道是因为（　　　）（多选）。

A. 父母爱我　　　　　　　　　B. 感谢父母给予生命

C. 报答父母的养育之恩 　　　　　　　　D. 作为子女的责任

E. 其他（请填写）＿＿＿＿＿＿＿＿＿＿＿＿＿

7. 大学期间，你认为应该怎样做才算尽孝？（　　　）（多选）

A. 经常和父母谈心交流，让父母体会到对他们的关心

B. 专心学习，不让父母担心学业

C. 自己打工赚取生活费，为父母减轻经济压力

D. 主动为父母买礼物

E. 其他（请填写）＿＿＿＿＿＿＿＿＿＿＿＿＿

8. 你对于父母的命令或决定（　　　）。

A. 绝对服从　　　　B. 视情况而定　　　　C. 不予理睬　　　　D. 绝对反对

9. 你对父母的工作条件或经济条件是否有抱怨？（　　　）

A. 一直抱怨　　　　B. 经常抱怨　　　　C. 偶尔抱怨　　　　D. 从来没有抱怨

10. 你对父母的关心大多通过什么方式来表达？（　　　）

A. 直接口头表达　　　B. 直接行动表示　　　C. 通常默默放在心里不做表达

11. 你觉得你现在对待自己的父母（　　　）。

A. 已经很好　　　　B. 还可以　　　　C. 还不够好　　　　D. 愧对父母

12. 请问你为父母做过哪些事情？（　　　）（多选）

A. 亲自给父母做饭

B. 为父母洗脚

C. 送父母生日礼物或祝福

D. 照顾生病的父母

E. 假期陪父母旅游

F. 当父母向你询问他们不了解的东西时，你会耐心给父母解释

G. 跟父母谈心

H. 定期带父母去做体检

13. 如果你每周只能回家一次，你会做什么？（　　　）

A. 和父母沟通谈心　　　　　　　　B. 埋头写作业

C. 看电视、玩游戏等　　　　　　　D. 和平时一样，没什么特别的

E. 其他

14. 你记得父母的生日吗？（　　　）

A. 只记得父亲的　　　　　　　　　B. 只记得母亲的

C. 父母双方都记得　　　　　　　　D. 父母双方都不记得

15. 你一般和父母打电话的主要内容是（　　　）。（多选）

A. 分享近况   B. 要生活费   C. 礼貌性问候   D. 谈心

E. 寻求帮助   F. 以上都有   G. 其他（请填写）_____

16. 你认为用什么方式来孝敬父母最好？（　　　）

A. 常打电话问候   B. 常回家看看   C. 带父母旅游   D. 提供物质保障

17. 你多久给父母打电话？（　　　）

A. 每天一次   B. 每周两三次   C. 每月两三次

D. 每年两三次   E. 甚至更久

18. 你对"二十四孝"了解多少？（　　　）

A. 不了解   B. 了解很少   C. 了解很多

19. 你认为当代大学生应该如何增强孝道意识？（　　　）

A. 加强孝道的宣传，使他们树立正确的孝道观

B. 树立现代孝子的典型，使他们学有榜样

C. 设立专项资金，专门用来鼓励孝子

D. 从制度上加以规范

20. 你对孝道的了解主要是通过（　　　）。

A. 家庭教育   B. 社会影响   C. 学校教育   D. 其他

21. 你认为当代大学生对父母是否孝顺？（　　　）

A. 绝大部分孝顺   B. 很少部分孝顺

C. 孝顺与不孝顺的比例差不多   D. 不知道

22. 你所在学校或院系有没有进行孝道方面的教育？（　　　）

A. 很多   B. 不多   C. 很少   D. 几乎没有

23. 你认为应该如何更好地推广孝道教育？（　　　）（多选）

A. 举办孝道方面的讲座   B. 开展孝道方面的主题班会

C. 举行孝老爱亲模范事迹报告会   D. 举行孝道方面的征文活动

E. 举行孝道方面的文化艺术节   F. 开展大学生孝道社会实践活动

G. 其他（请填写）_____

（策划人：兰州职业技术学院党委学生工作部赵继东、督导室李继军、基础教学部王文静）

<table>
<tr><td rowspan="2">活动
23</td><td>黄河之滨美，金城兰州蓝</td></tr>
<tr><td>——"兰州文化生活调查"活动设计方案</td></tr>
</table>

❤ 活动主题

　　家乡是每个人生命的重要印记，将伴随我们走向更广阔的世界。在本活动中，学生通过采访、考察、查阅文献、写作等各种活动，以家乡兰州为调研对象，深入了解家乡，增进对家乡文化的认同和对家乡的热爱之情。教师引导学生关注和参与当代文化生活，学习剖析、评价文化现象，积极参与中华优秀传统文化的传播和交流，对家乡文化建设提出合理建议，增强文化自信。

❤ 活动目标

知识目标

　　通过采访、考察、查阅文献等方式，了解记录金城兰州的风物，了解金城兰州的文化特色。

能力目标

　　学习设计调查表、访谈方案，能熟练记录和写作。

素养目标

　　展示金城兰州的文化风采，参与家乡文化建设，传承家乡人文精神。

❤ 活动对象

　　高中生、中职生、高职生。

❤ 活动形式

　　小组调研、访谈。

❤ 活动时间

　　一个月，利用周末或课余时间完成。

❀ 活动准备

1. 学生利用周末时间查找相关文献、网络资料，采访相关人员，按照主题收集关于金城兰州的相关历史资料。按照老师提供的活动安排表（见表 23 - 1）制定本小组项目式学习方案。

表 23 - 1　活动安排

时间	学生实践活动	教师指导活动
第一周	兰州的文化资源现状调查，总结家乡文化特色	提供支持、明确要求、给予评价
第二周	学习采访稿、人物（风物）志的撰写	提供支持、明确要求、给予评价
第三周	总结阶段性学习成果，参与家乡文化建设，完善并展示调研及写作活动成果	指导提升，给出完善性意见，创设成果展示平台

2. 学校提供展示平台：校内——黑板报、班刊、宣传栏、校园电视台、校园网络、公众号；校外——报刊投稿宣传等。

❀ 活动流程

▍▍分活动 1：家乡文化现状调查

学生通过阅读学习资料《调查的技术》，掌握调查的基本方法。通过网上查阅、小组讨论，确定全班调查的基本方向和各个小组调查的基本内容。通过小组讨论，确定组内成员的具体分工。通过完成调查内容和分享交流，了解家乡文化生活的现状。

1. 教师进行调查，了解相关情况。

教师以调查的形式，了解班内学生对家乡文化的了解程度，同时为学生做一个调查示范表（见表 23 - 2）。

表 23 - 2　调查示范表

标题	学生对金城兰州家乡文化了解情况的调查
摘要	
目录	1. 调查学生对金城兰州历史古迹的了解 2. 调查学生对金城兰州历史名人的了解 3. 调查学生对金城兰州传统文化风俗（节日活动）的了解 4. 调查学生对金城兰州特产、技艺表演的了解 5. 调查学生对金城兰州文化建设与传承的认可度
调查背景与目标	
调查步骤与方法	问卷调查，统计结果
调查内容与分析	
结论	
建议	
参考资料	

2. 教师进行评价，指引调查方向。

教师根据上述调查内容，梳理其中认知度较高的，重点关注在文化领域举足轻重而学生却未了解的内容，必要时，为学生提供相应的内容介绍。

教师在反馈调查结果的基础上，帮助学生拟定全班统一的调查方向和分组调查内容。以金城兰州家乡文化遗产的保护和传承为例，全班学生针对河口水车、河口古镇、白衣寺塔、中山桥等物质文化遗产和兰州太平鼓、西固军傩、兰州鼓子、羊皮筏子等分组进行调查（见表23-3）。

表 23-3 调查内容

金 城 兰 州 文 化 遗 产	物质文化遗产	河口水车	组内成员及分工：
		河口古镇	组内成员及分工：
		白衣寺塔	组内成员及分工：
		中山桥	组内成员及分工：
	非物质文化遗产	兰州太平鼓	组内成员及分工：
		西固军傩	组内成员及分工：
		兰州鼓子	组内成员及分工：
		羊皮筏子	组内成员及分工：

3. 学生制作调查表，展开调查活动。

学生根据调查对象，初步拟定调查表，教师适时指导。

下面以河口水车情况调查为例，制定调查表（见表23-4），并通过网上查阅和实地考察、拍摄，完成表格内容。

表 23-4 调查表

标题	河口水车情况调查
摘要	
目录	1. 建筑历史 2. 建筑位置 3. 建筑特色 4. 建筑现状 5. 建筑照片
调查背景与目标	
调查步骤与方法	
调查内容与分析	
结论	
建议	
参考资料	

4. 调查研究，分享交流。

通过分享交流，增进学生对家乡文化生活现状的了解。

分活动 2：记录家乡的人和物

针对第一周制定的调查表，教师指导学生通过网上查阅、小组讨论，拟定访谈对象。

学生结合访谈对象制定相应表格。学生合理规划调查路线，在确保安全、可行的基础上，开展调查、访谈等实践活动。学生通过阅读学习资料《访谈法》和重温高一语文必修上第二单元《喜看稻菽千重浪》《心有一团火，温暖众人心》《"探界者"钟扬》等文章，掌握一般记人写物叙事的写作方法。在访谈考察、完成表格、整理资料的基础上，撰写一篇家乡人物（风物）志。

1. 学生制定访谈表。

在整理调查表所得信息的基础上，学生通过网上查阅、小组讨论，拟定访谈对象和访谈内容，进一步补充访谈表。例如，为更加全面地了解西固军傩文化发展、传承的现状，采访西固区文化馆相关负责人和西固军傩技艺传人等，制定一个访谈表（见表 23 - 5）。

表 23 - 5　访谈表

标题		西固军傩文化现状调查
摘要		
目录		1. 西固军傩的源起与发展历史 2. 西固军傩的技艺和主题 3. 西固军傩的传统节目内容 4. 西固军傩的历史影像
调查背景与目标		
调查步骤与方法		
调查内容与分析		
结论		
建议		
参考资料		
访谈资料	访谈对象	西固区文化馆相关负责人 / 西固军傩技艺传人
	访谈提纲	1. 西固军傩的历史 / 西固军傩制作技艺 2. 西固军傩的传统项目内容 3. 西固军傩的成就与困境 / 军傩面具雕刻技艺传承的现状
	访谈记录	

2.学生开展调查、访谈的实践活动。

为确保实践活动的安全性，要求提供详细地点、时间、人物、联系方式等。学生做好访谈提问、记录、摄影等准备工作。

3.学习写作方法，撰写金城兰州人物（风物）志。

阅读学习资料《访谈法》和重温《喜看稻菽千重浪》《心有一团火，温暖众人心》《"探界者"钟扬》等文章，掌握一般记人写物叙事的写作方法。

在访谈考察、完成表格（见表 23 - 6）、整理资料的基础上，撰写一篇家乡人物（风物）志。

表 23 - 6　兰州人物访谈记录表

对象		性别		年龄	
访谈成员			访谈时间		
访谈提纲	1.		访谈记录		
	2.				
	3.				
	4.				
	5.				

4.学生分享，教师评价与引导。

教师批阅学生撰写的金城兰州人物（风物）志，给予评价，交流优秀篇目；同时引导学生到图书馆、新华书店查阅记录家乡文化的相关书籍。

分活动 3：为家乡发展建言献策

学生通过撰写宣传语，彰显所调查的家乡文化遗产的特点，掌握宣传语的基本特征，同时提升语言表达能力。通过下定义的方式，概括文化遗产的概念，让学生从根本上理解传承文化遗产的重要性，理解本次学习活动的意义和价值，同时提高学生的概括能力。通过思考和解决针对性问题，引导学生参与家乡文化建设，同时提高学生的思辨和语言运用能力。设置具体情境，通过循序渐进的任务群活动，提升学生语文核心素养，特别是语言的建构与运用、文化的理解与传承。引导学生发现、思考和解决问题，激发学生思考个人在家乡文化遗产传承发展过程中所能发挥的积极作用，这是参与家乡文化建设的根本。整合前期的分组探究活动成果，帮助学生形成和理解完整的文化遗产指向。在自主探究的基础上，多与同学、老师、家中长辈交流，充分借助报纸、广播、电视、网络等媒介，很好地完成本次活动。

1. 调查、宣讲家乡文化遗产。

教师指导学生到图书馆、新华书店查阅记录家乡文化的相关书籍。通过观看《金城兰州》（四集）、纪录片《丝绸之路上的黄河古渡》（上、下）、纪录片《黄河人家》（第七集）、纪录片《我的美丽乡村——河口古镇焕新颜》等了解兰州的历史文化。教师推荐学生关注《甘肃日报》《兰州日报》《兰州晚报》等微信公众号中关于金城兰州的相关推文。

请结合本组所调查的家乡文化遗产对象（建筑等）的特点（填写表 23 - 7），为之撰写一则宣传语，请一位同学书写到黑板上并对宣传语进行 2 分钟以内的设计说明。

表 23 - 7　兰州历史文化建筑登记表

建筑名称		建筑方位	
建造历史		建筑现状	
价值描述		信息来源	
素描、照片		相关建议	

2. 体悟文化遗产价值。

学生试着概括文化遗产的概念，结合各组同学对家乡文化遗产的宣传介绍，梳理总结兰州的文化遗产项目及整体情况。

示例：文化遗产是包含物质文化遗产（有形文化遗产）和非物质文化遗产（无形文化遗产）在内的，具有历史、艺术、科学等文化价值的，彰显一定历史区域内人类物质和精神文明的宝贵财富。

3. 为家乡文化发展建言献策。

学生分组合作探究，解决在调查访谈中发现的问题。教师也可提出具体问题来引导学生深入思考，为家乡文化发展建言献策。

4. 总结交流，拓展提升。

教师结合学生交流情况，给予评价与提升指导，小结课堂成果。

学生在自己撰写的家乡人物（风物）志中增加有利于家乡文化遗产保护和传承的建设性意见和举措，同时修改和完善全文。将本组学习成果制作成图文并茂的微信推文，尝试公众号投稿。

结合全班学习成果，制定一条家乡文化旅游路线并设计一份旅游宣传活页。

活动总结

金城兰州独特的地质地貌和风俗人情展现出独有的魅力，这些承载着我们丰富的记忆与情感。黄河滋养着这方热土，一些人物留下了值得传颂的故事，一些建筑见证着金城兰州日新月异的发展变化，这些都值得我们寻访探究。学生通过采访有关人物，实地调研，了解家乡的人、物、历史、习俗等，开展项目式学习，最终形成一份调研报告。

活动拓展

1.思考家乡的文化生活与自我成长之间的关系，形成关注和参与当代文化生活的意识，培养家国情怀。

2.在调查研究中提炼典型问题，形成专题研究的意识。

3.结合《乡土中国》(作者费孝通)的阅读，在了解家乡兰州的基础上，形成对乡土中国的认识。

活动亮点

1.学生进行采访活动，实地考察了风景名胜、建筑设施，或走访甘肃省、兰州市博物馆和档案馆。

2.在调查活动中，学生可选择不同的主题，如人际关系、道德风尚、文物古迹的保护、文化生活的方式等。

3.学生先征求各方面意见，和同学讨论后再拟定建议。写出建议书，具体陈述建议内容、理由、实施的步骤与可行性。

注意事项

1.采访人物时要事先拟定具体的问题，切忌笼统、含糊不清。可将问答变为访谈，营造访谈的浓厚氛围。组内分工要明确，记录形式要多样化，如笔记、录音、录像等。

2.撰写"志"要突出家乡特色。要写清楚人物的生平、主要事迹，突出人物对家乡的贡献或影响。

3.调查前要做好调查路线规划，确定调查重点。调查时要认真观察，做好记录，保存好第一手资料。

4.给家乡的建议，要立足家乡的当代文化发展和对家乡文化生活的理解，要有利于兰州的发展，也要符合社会主义核心价值观。

（策划人：兰州市第六十一中学　赵贵延）

博物而达观，约取而致知
——"甘肃省博物馆参观及讲解"活动设计方案

🌀 活动主题

《国家中长期教育改革和发展规划纲要》中强调，学校要创造条件开设丰富多彩的选修课，还要积极开展研究性学习、社区服务和社会实践。博物馆是知识传授和教育学习的好场所，也是宣扬中华优秀传统文化的理想之地。丝绸之路三千里，华夏文明八千年。甘肃地区历史悠久，人杰地灵，文化灿烂，在漫长的岁月中沉积了许多精美的历史遗珍。甘肃省博物馆内收藏有大量的文物精品，向世人展示着甘肃的历史、文化。为充分利用社区教育资源，帮助同学们探寻家乡历史文化遗产，增强社会责任意识，锻炼社会实践能力，我们特别策划了本次活动，并联合举办了志愿者讲解活动。

🌀 活动目标

知识目标

通过社会实践活动，学生应充分地了解历史知识，理清历史线索，把握历史脉络，增加历史积累，对甘肃本土文化有更深的认识，也能在日常生活中更多地关注和了解各种文化的背景与历史关联。

技能目标

培养学生设计和参与课外活动的能力；锻炼学生协调社会关系的能力；提升他们在参观过程中的自我管理能力以及维护公共秩序的能力。

素养目标

通过参观和学习，学生可增加历史知识；从静态沉睡的博物馆展品身上，感受本土文化的温度与生命，唤起心灵深处对家乡和本土文化的珍视、珍爱与珍惜之情。

🌀 活动对象

全体在校学生。

活动形式

集体参观甘肃省博物馆（见图 24－1），学生讲解。

图 24－1　集体参观甘肃省博物馆

活动时间

可灵活安排，如某天下午（约 3 小时左右）。

活动准备

1. 成立活动筹划小组，拟定活动方案。

2. 安排承担本次参观活动的学生讲解员，组织者提前去博物馆探路并寻找喜欢的展馆，分别撰写讲解词。

3. 对学生讲解员进行简单培训，要求他们必须熟悉自己的讲解词，讲解时要注意用词的专业度、准确度；使用规范讲解动作，包括讲解手势、讲解导引等，讲解时必须脱稿。

4. 要求其他同学搜集该博物馆历史文物资料，为参观活动做好扎实的准备工作。

5. 要求学生讲解员以短视频形式录制自己的讲解词，几个讲解员之间要互相学习、互相促进。

6. 学生讲解员到博物馆进行模拟讲解，然后组织同学们去参观，主要听学生讲解员的讲解，听他们心目中的甘肃地域文化。

活动流程

流程1：参观学习

1. 组织者宣讲进馆参观秩序及要求。

2. 学生正式进馆参观（见图 24－2），按规定顺序进入"甘肃丝绸之路文明""甘肃彩陶"展馆。

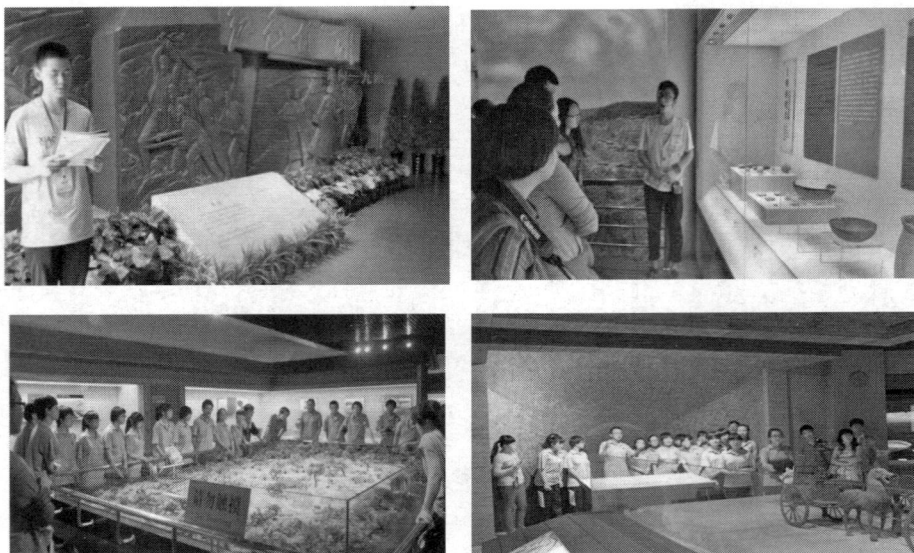

图 24 - 2 学生参观博物馆活动

流程 2：学生讲解员上场展示

学生讲解员上场讲解并进行展示。

流程 3：活动结束后安排

1. 参观完毕后，学生在博物馆大门口集合，并举自备班旗合影留念。

2. 反思总结，学生写一篇心得体会。

活动总结

此次教学以及实践活动，旨在加深学生对陶器等传统技艺的了解，增强学生对中华民族悠久历史文化的学习兴趣和民族自豪感，提升审美水平，加强对历史文化的传承与保护，弘扬主旋律，传播正能量，坚定文化自信，积极践行社会主义核心价值观，以实现中华民族伟大复兴为己任，不负民族重托、不负伟大时代。

活动拓展

一、部分讲解词样例

学生讲解员讲解词（节选）

甘肃丝绸之路文明展馆　第一展厅：由 ××× 讲解

　　大家好！欢迎走进甘肃省博物馆丝绸之路文明展馆。丝绸之路是古代横贯亚欧的商贸通道。首先，请大家看一下丝绸之路的几条路线图。在中国的北方，有一条草原丝绸之路，它东起齐齐哈尔，穿越北方草原，途经乌兰巴托，最终到达欧洲。还有一条绿洲丝绸之路，就是大家通常较为熟悉的，起点一般认为是长安（今西安），穿越甘肃河西走廊，到达敦煌，出阳关、玉门关，翻越葱岭（帕米尔高原），途经伊朗高原，再经两河流域，往西一直延伸到罗马。它的南线可以到达古时候的身毒（即史书记载的印度）。在通过这条漫漫长路进行贸易的货物中，以产自我国的丝绸最具代表性，"丝绸之路"因此得名。另一条丝绸之路是海上丝路，唐朝史书记载，扬州、泉州、广州是当时世界上著名的贸易港口。

二、馆内部分藏品介绍

权杖头

　　这一特殊器具在我国发现的数量不多，仅在甘肃、陕西、新疆等地有出土，我馆展出的几件权杖头质地不同，有距今 5500 年左右的庙底沟类型的彩陶杖头（见图 24－3），最大腹径 10 厘米。有出土于玉门火烧沟墓地青铜时代四坝文化的石杖和青铜四羊首权杖头（见图 24－4）。考古资料与发掘情况表明，权杖头是一种身份、地位、权威的象征，在古代可能是部落酋长、氏族首领及有威望的人持有，玉门火烧沟墓葬中的石杖头，木柄已朽，出土时在墓主人右手中，同墓随葬品较丰富，说明墓主人享有特殊身份。远古时期，在西亚、中亚，皆有权威人士执权杖的习俗，这类文物的出土，说明当时我国已与中亚文化接触和交流。

图 24－3　彩陶杖头

图 24－4　青铜四羊首权杖头

齐家瓦垄纹绿玉琮

　　这件瓦垄纹绿玉琮（见图 24－5）是大家走进丝路展厅见到的第一件国宝级文物。齐家瓦垄纹绿玉琮高 14.7 厘米、宽 8 厘米、圆孔径 6.9 厘米，器形规整，雕工精湛，玉质细腻、润美光洁，色泽柔翠悦目，为深绿色和田玉。玉琮，中圆周方，象征天地，四角射部被琢为圆弧形，各横雕十三道瓦垄纹以形成四条纵向的弧棱带，两带之间，减地为界，中尺圆管凸起于两端。这件瓦垄纹绿玉琮独放异彩，器物虽高但未分节，射部所饰严整而繁密的瓦垄纹带，这与良渚文化多节琮射部的神徽图案结构相近，是目前所知齐家文化中工艺水平最高的，被确定为国宝级文物。

蚕纹二连陶罐

蚕纹二连陶罐（见图 24-6）出土于临洮马家坪，属于齐家文化泥制红陶器，两个折肩小罐相连，大小和现今水杯差不多，在两个罐体的腹部，分别采用阴线条刻有蚕体6条，每罐三条，蚕纹相互对称，能明显看出蚕头、嘴和眼。在蚕身上刻有八九条平行线纹和折线纹，表现出蚕体的肢节，蚕体形状略有弯曲，给人以活生生的蠕动之感。值得注意的是，绘制的蚕很可能是人工家养蚕，时间大约距今4000年，表明中国养蚕的悠久历史和对蚕神的崇敬，这说明在新石器时代中晚期，先民就已懂得了养蚕缫丝。

图 24-5　齐家瓦垄纹绿玉琮

图 24-6　蚕纹二连陶罐

三足红陶鸟形器

三足红陶鸟形器（见图 24-7）出土于广河齐家坪，高12厘米，属青铜时代齐家文化类型，器物质地为红陶泥。器形的鸟头较小，但特征明显。尾部呈器口，鸟型腹部容腔饱满，以三足相托，给人以敦厚稳健之感。此器物与波斯古文化的鸟形陶器有诸多相似之处，这不难看出两者之间的联系和影响。

铜奔马

去过甘肃省博物馆的人都不会错过这里的镇馆之宝——铜奔马（见图 24-8），又名马踏飞燕。这是一个出土于甘肃武威的东汉时期的青铜器，形状是一匹奔腾的骏马，一足超掠飞鹰（燕子），姿态极其优美。这件古代青铜作品，高34.5厘米，长45厘米。这件2000多年前制作的铜奔马造型生动，铸造精美，工艺精湛，比例准确，四肢动势符合马的动作习性，为中外的许多考古学家和艺术家叹为观止。奔马昂首嘶鸣，举足腾跃，一只蹄踏在一只飞翔的燕子身上，这种浪漫主义手法烘托了骏马矫健的英姿和风驰电掣的动态，给人们以丰富的想象：既有力的感觉，又有动的节奏。其大胆的构思，浪漫的手法，给人以惊心动魄之感，不愧为中国青铜艺术的瑰宝。艺术家巧妙地用闪电般的刹那，将一只凌云飞驰、骁勇矫健的骏马表现得淋漓尽致，体现出奋发向上、豪迈进取的精神。

铜奔马被国家旅游局确定为中国旅游标志，1986 年被定为国宝级文物。

图 24-7 三足红陶鸟形器

图 24-8 铜奔马

"驿使图"壁画砖

"驿使图"壁画砖（见图 24-9）长 35 厘米，宽 17 厘米。壁画砖为米色底，黑色轮廓线，上绘一驿使，头戴黑帻，着皂缘领袖中衣，左手持棨传文书，跃马疾驰；马身涂黄色，上有红色的斑块。画师寥寥几笔就勾勒出驿使手持文书、胯下红鬃烈马四蹄腾空的形象；但是驿使面部中唯独没有画上嘴巴，这是因为驿使讲究的是速度和保密，没有画嘴巴就是说明驿使这份工作最重要的就是保密。"驿使图"壁画砖的出土刷新了我国古代邮驿的形象记录，这块壁画砖已经成为我国最早的古代邮驿形象资料，后来被当作中国邮政标志的样本。

图 24-9 "驿使图"壁画砖

人头形器口彩陶瓶

人头形器口彩陶瓶（见图 24 - 10）出土于甘肃秦安邵店大地湾。该瓶采用细泥红陶，高 31.8 厘米，口径 4.5 厘米，底径 6.8 厘米。器形为两头尖的长圆柱体，下部略内收，腹双耳已残。口做圆雕人头像，这件距今 5000 余年的人头瓶，塑造了一位端庄、典雅、古朴、大方的人物形象，体现了远古先民源于现实又超越现实的艺术表现手法，把人头形与葫芦瓶巧妙地结合在一起，有趣生动，是大地湾仰韶彩陶的代表作品。

图 24 - 10　人头形器口彩陶瓶

活动亮点

1. 将实践场所由有边界课堂扩展到博物馆，提供了更广阔的平台，也拓展了更大的提升空间。

2. 讲解员由专业的人员变成身边的同学和伙伴，亲切感倍增。与同学共情，与同学为伴，与历史对话，让历史鲜活起来，奇妙而有趣。

3. 打造体验式课堂，增强情景式教学，让同学和同伴化身讲解员，专业而干练，温情而理性，这样的体验让学生们增加了对历史的认知。

4. 创设学习情景，以历史"大舞台"为背景，让学生对历史传统文化充满好奇和期待，也可有所收获。

注意事项

1. 在进博物馆前告知学生相关注意事项，如不能大声喧哗、不能随意丢垃圾、不能随意拍照，注意自己的行为举止。

2. 参观前与博物馆协商好，尽量请博物馆支持学生们的讲解活动。

（策划人：兰州市第四中学　朱明花）

传红色基因，做时代新人
——"星火燎原长征路研学"活动设计方案

活动主题

长征，是一条从红军脚下走出的铿锵长路，比黄河曲折，比长江绵延。这是一本厚重的宣言书，空腹赤脚的红军丈量出人类史上的奇迹。榜罗镇会议、会宁胜利大会师、翻越六盘山、决战将台堡……这是人类史上最悲壮的跋涉、最震撼的绝唱。挺进甘肃，奔涌的激情，彰显出气势磅礴的理想。在本次研学实践活动中，将长征诗词大会贯穿始终。每晚进行长征组诗背诵，在规定时间内小组背诵完成率较高者获得"小红军勋章"，研学结束授予小组"荣誉勋章"。将学唱红歌贯穿整个研学活动。学生学唱红歌，每天三餐前组织"红歌嘹亮"活动，以激发学生的爱国之情。追忆过去，展望未来，让红色精神代代相传。一代人有一代人的长征路，今天重走长征路，争做时代好少年，为实现伟大中国梦勇毅前行。

活动目标

知识目标

走进甘肃会宁会师园等革命传统教育基地，让学生深入了解中国工农红军长征的路线，了解长征途中重大历史事件，倾听可歌可泣的长征故事，拓展学生们的军事知识、历史知识、地理知识和人文知识，追寻先辈奋斗足迹。让学生铭记革命历史，不忘先辈的奋斗目标，凝聚青春的奋进力量。

技能目标

通过"寄一封红军书""演一段红军情""走一段长征路""诵一组长征诗""唱一首红军赞歌"等活动，吟诵气势磅礴的长征诗词、学唱催人奋进的长征歌曲，用红色研学实践来寻觅红军长征的足迹；通过创设模拟场景、角色分配、小组分工合作和全班交流，培养学生自主探究、团结协作的能力。

素养目标

弘扬长征精神，继承先辈遗志，让学生在活动中发现和肯定自己的价值，培养其学习潜力以及担当意识，同时激发学生热爱家乡、担当民族复兴大任的使命感。

活动对象

中学生、中职生、大学生。

活动形式

研学实践活动。

活动时间

4天，可根据学生研学内容开展安排具体时间。

活动准备

1. 学生自主学习长征的历史知识，重点了解长征在甘肃省境内的相关人文历史情况。

2. 教师细化活动流程，精心设计课程内容，完善课程评价。

3. 学校组织教师提前对活动地点进行研学考察，从衣食住行等方面综合考虑本次研学实践活动，制定好研学安全预案，做好安全风险评估。

活动流程

分活动1：参观八路军兰州办事处纪念馆——寄一封红军书

八路军办事处，是抗日战争时期中国共产党领导的八路军在国民党统治区的一些主要城市设立的办事机构。八路军兰州办事处纪念馆（见图25-1）位于兰州市市区内，是一座普通的旧式四合院建筑。该办事处于1937年5月成立，到1943年11月撤销。八路军兰州办事处是抗日战争时期中国共产党和八路军派驻兰州的一个公开办事机构，是党领导甘肃抗日救亡、进行后方发动、实现全民族抗战的重要基地，也是中苏国际交通线上的中转站。

本活动围绕八路军兰州办事处纪念馆内的相关内容，学习革命历史知识，以书信的方式表达对红军的情思，传递情感。掌握书信的写作技巧，铭记历史，弘扬革命先烈爱国主义精神和红军长征精神。

图 25 - 1 八路军兰州办事处纪念馆

1. 走进八路军兰州办事处纪念馆。

通过前期影片观看、纪念馆参观等活动体验，完成"我是小八路"角色扮演，向红军寄一封信。通过游戏传送"鸡毛信"，追思、表达对红军的情感。具体活动：将学生分为三组，即红一方面军、红二方面军、红四方面军。通过游戏"蛙跳传信"方式将红军信传送给每组指定人员，用时最短的小组加盖"荣誉勋章"。

2. 研学实践思考。

（1）在抗战期间，八路军办事处的主要职责有哪些？

（2）红军长征时在兰州的主要战事和故事有哪些？

（3）通过参观纪念馆，你知道有关谢觉哉的哪些知识？他在长征期间以及抗日战争期间有哪些贡献？

3. 活动评价。

本活动通过讲、唱、教的活动方式，介绍了革命历史和革命先辈的感人事迹，发扬了红色革命传统，传承了红色基因，进一步锻炼了学生的观察能力、学习能力、动手能力，加深了他们对革命历史的了解。重点关注：学生是否真实表达了自己的情感？在书信中是否能够反映其正确的价值观？学生所写的寄给红军的书信的格式、称呼、内容是否符合要求？书信内容是否体现出新时代少年对红色革命传统的深刻认识和理解？

分活动 2：参观红军会宁会师旧址——演一段红军情

1936 年 10 月，中国工农红军第一、二、四方面军在会宁会师，是长征胜利的标志，是革命力量大团结的典范，是中国革命走向胜利的转折点。红军三大主力会宁大会师，在中国革命史册上揭开了辉煌的一页，留下了一大批革命遗址和革命文物。

红军会宁会师旧址（见图 25 - 2）位于甘肃省会宁县会师镇，是为纪念中国工农红军第一、二、四方面军胜利会师而扩建的革命遗址，包括会师楼、会师塔、会师联欢旧址、革命文物陈列馆、将帅碑林等建筑。红军会宁会师旧址是全国重点文物保护单位、全国首批百个爱国主义教育示范基地、全国首批 50 个廉政教育基地、国家安全教育基地和国防教育基地、国家 4A 级旅游景区。红军会宁会师楼被评为新中国 60 大地标之一。

图 25－2　红军会宁会师旧址

本活动通过多方资料的查找、信息的收集，旨在让学生了解红军在会宁会师的相关情况，思考探索红军长征得以胜利的原因，感受红军长征路途的艰辛，并通过情景剧演出、游戏活动传承革命精神。

1. 走进红军会宁会师旧址。

（1）学生在红军会宁会师旧址了解红军长征相关知识。

（2）利用调查、采访等方式收集红军在会宁会师的相关信息。

（3）参观红军长征胜利纪念馆，寻找红军"小英雄"的感人故事，创写"小英雄"故事片段。在研学实践中弘扬长征精神，用先烈精神激励自己，为实现伟大的中国梦而奋斗。

2. 演一段红军情。

（1）在红军会宁会师旧址，学生收集红军会师相关资料，创写、演绎"小英雄"红军长征故事，展现红军长征精神。

（2）通过游戏进行诗词连题，最后完成"三军会师"。具体活动如下：将学生分为红一方面军、红二方面军、红四方面军三组，在红军会宁会师旧址内，将每一句诗歌提前分放在会师楼、会师塔、会师联欢旧址、革命文物陈列馆、将帅碑林，小组通过提示搜寻完成整首诗歌，最终"三军会师"。以快速到达会师点为胜利，加盖"小红军"勋章，研学结束进行"荣誉勋章"评定。

3. 研学实践思考。

（1）遵义会议与瓦窑堡会议提出了什么决策？

（2）通过参观学习红军长征纪念馆内的相关历史知识，以时间为顺序，简要绘制长征过程中的重要事件和重要会议。

（3）参加长征的主要有哪几个方面军？主要领导人有哪些？

4. 活动评价。

小组成员在情景剧中是否全组参与其中，是否真实表达了情感？有什么样的收获？

┃┃ 分活动 3：参观红军会宁长征胜利景园——走一段长征路

红军会宁长征胜利景园位于甘肃省会宁县，国道 312 线南侧，省级森林公园桃花山北麓、桃花山新区东面，与会宁城内"会师园"遥相呼应，形成了一个有机整体，是瞻仰凭吊、研学实践的圣地。1936 年 10 月，三大主力红军在此会师，谱写了一曲惊天地、泣鬼神的历史乐章。从此，中国革命走向胜利，走向辉煌。为了缅怀先烈的丰功伟绩，弘扬红军长征精神，对广大人民群众特别是青少年进行革命传统和爱国主义教育，在长征胜利 60 周年之际，甘肃省修建了红军会宁长征胜利景园。景园巧妙地利用桃花山的山形地貌、自然风景，采用摹拟与微缩相结合的手法，修建了长征路上具有代表性和历史意义的 22 处景点，微缩景点雄奇壮观，形象、逼真、生动地再现了红军二万五千里征程的千难万险。以景观反映史实，参观者既可满足瞻仰革命遗迹之渴望，又可享受登山览胜之乐趣，从而达到寓教于乐、励志育人之目的。

本活动将拓展训练与史料学习结合，学生在会宁桃花山"走一段长征路"，在行进途中进行相应历史知识的学习，最终完成红军长征路线图的绘制。在"走一段长征路"中体验长征路途的艰辛，展现当代大、中学生的风采，在实践中弘扬长征精神。

1. 走一段长征路。

（1）以小组为单位进行拓展训练，在红军会宁长征胜利景园完成"走一段长征路"活动，再次认识长征，认识自己的团队，体认自我价值，体悟长征精神。

（2）通过游戏传送"鸡毛信"，追思、表达对红军的真挚情感。具体活动为：将学生分为三大组，即红一方面军、红二方面军、红四方面军。在"走一段长征路"中将红军书信传送给每组指定人员，用时最短小组加盖"荣誉勋章"。

2. 研学实践思考。

（1）绘制红军长征路线图。

（2）结合历史所学，列举至少五件关于长征的重大历史事件。

（3）说说对长征的新认识，提出新问题。

（4）思考红军长征胜利的原因。

（5）联系"走一段长征路"体验，想想长征精神是什么。

3. 活动评价。

重点关注：小组是否在规定时间内完成了行程？在本活动中小组遇到了什么样的问题？是如何解决的？

分活动 4: 参观六盘山红军长征纪念馆——诵一组长征诗

中国共产党领导的工农红军为了北上抗日，突破敌人的围追堵截，跨越万水千山，战胜无数艰难险阻，做出了无与伦比的英雄业绩，谱写了惊天地、泣鬼神的伟大革命篇章。六盘山红军长征纪念馆位于宁夏回族自治区固原市隆德县境内的六盘山上，于2005年9月18日落成，由纪念馆、纪念碑、纪念广场、纪念亭、吟诗台五部分组成，是宁夏回族自治区党委、政府为纪念红军长征翻越六盘山暨长征胜利70周年而建的红色旅游景点。

本活动以拓展训练、红军诗歌吟诵活动为主，辅以纪念馆学习相关历史知识。要求学生完成"红军小道"拓展训练后前往吟诵台进行集体诗歌吟诵。

1. 诵一组长征诗。

（1）徒步"红军小道"，学习"红军小道"上的长征知识点，小组合作回答相关问题。参观六盘山红军长征革命纪念馆，了解、学习长征宁夏段的历史知识。

（2）小组合作完成红军长征诗歌《清平乐·六盘山》《七律·长征》《忆秦娥·娄山关》(见本活动附件)吟诵。

（3）在吟诗台共同完成长征诗歌吟诵，并用照片、视频记录。

2. 研学实践思考。

（1）在突破国民党军的四道封锁线后，红军的行军路线和战略方针问题成为党内争论的焦点，最终经过了哪几个会议，才确定了中央红军的进军方向？

（2）相关历史事件中，哪件革命事件让你印象深刻？

（3）"长征四老"是指哪四位？

（4）分析中央红军为什么能够在没有付出较大代价的情况下突破国民党军的第一道、第二道封锁线。

（5）请老师用照片记录你们在行进途中的精彩瞬间，并与同学分享你在此活动中的感受。

（6）新时代我们该如何在日常生活和学习中弘扬伟大的长征精神？

3. 活动评价。

小组是否能够合作完成本活动，并在活动过程中感受红军长征之路的艰难困苦？

分活动 5: 参观将台堡——唱一首红军赞歌

将台堡（见图25-3），位于宁夏西吉县城东南30千米处的葫芦河东岸，古称西瓦亭。1936年10月22日，中国工农红军第一、二方面军在将台堡会师，标志着举世闻名的红军长征胜利结束，将台堡也由此载入了中国革命的史册，是国家级文物保护单位、全国爱国主义教育基地和红色旅游圣地。将台堡红军会师纪念碑于1996年10月在纪念长征胜利 60 周年之际修建，由巨型花岗岩筑成。碑高 26.36 米，正面镶刻着"中国工农红军长征将台堡会师纪念碑"16个金光闪闪的大字。顶部雕有三尊红军头像，象征三大主力红军。碑身下部有8 组浮雕，分别为战略大转移、遵义大转折、强渡大渡河、过雪山草地、路过回民区、翻越六盘山、三军大会师、胜利到延安，再现了红军长征重要的历史节点。

图 25 - 3　将台堡

本活动以唱红歌、"红军会师"活动为主，辅以纪念馆学习相关历史知识。要求学生完成"红军会师"活动并学唱红歌。

1. 唱一首红军赞歌。

（1）参观将台堡革命旧址，了解长征在此地的相关历史知识。

（2）小组合作学唱红歌，在研学实践活动中，学生感受红军长征的艰苦卓绝，体认作为新时代好少年的责任与担当。

（3）进行诗词《七律·长征》连题，最后完成"三军会师"。具体活动如下：按照学生已分好的红一方面军、红二方面军、红四方面军三组，将《七律·长征》的每一句诗歌提前分放在将台堡内的一些地方，小组通过提示搜寻、组合出完整的诗歌，最终"三军会师"，以快速到达会师点为胜利小组，加盖"小红军"勋章，研学结束后进行"荣誉勋章"评定。

2. 研学实践思考。

（1）参观将台堡革命旧址之后，你有什么收获？

（2）相关历史事件中，哪件革命事件让你印象深刻？

（3）灵活运用所学知识，将会宁、六盘山以及将台堡纪念馆内文字介绍融合，在地图上简要标出红一方面军、红二方面军、红四方面军以及红二十五军所经过的主要省份和参与的主要战斗。

（4）请老师用照片、视频记录学生在行进途中的精彩瞬间，同学互相分享在此活动中的感受。

3. 活动评价。

小组是否能够合作完成本活动，并在活动中增强爱国主义感情？

活动总结

在本次研学实践活动中，学生通过在实地走访、体验、实践等活动，对长征背景、线路、重点事件进行温习，了解了长征途中的重大历史事件；通过倾听可歌可泣的长征故事、学唱催人奋进的长征歌曲、再吟气势磅礴的长征诗词，重温了长征途中战士们不怕艰难困苦、不怕流血牺牲的革命精神；通过"防空演练""战术训练"，学生明白了：无数革命先烈经过艰苦奋斗实现了他们的"中国梦"，要实现自己的梦想，就要深刻感悟长征精神的内涵，继承和弘扬长征精神，培养艰苦奋斗、吃苦耐劳的精神。

活动亮点

在本次研学实践活动中，学生积极参与团建活动、场馆体验、研学旅行，走进社会"大课堂"。走进红色场馆、走进革命圣地，通过"走一段长征路"等活动，加深有积极意义的价值体验。学生在活动中能主动分享体验和感受，与老师、同伴交流思想认识，形成对长征精神的价值认同，将更加热爱中国共产党，热爱中华民族。

学校通过开展爱国主义专题教育活动，为每位学生的幸福成长提供可靠充足的精神养料，旨在培养具有红色基因品质的新时代好少年。

活动拓展

1934年10月—1936年10月，共产党领导的红一方面军、红二方面军、红四方面军和红二十五军分别从各苏区向陕甘苏区战略撤退和转移。其中红一方面军行程为二万五千里，因此长征又被称作二万五千里长征。1934年10月10日晚6点12分，中共中央、中央军委率红军主力五个军团及中央、军委机关和部队共八万六千人，自瑞金地区出发，被迫实行战略转移。

转移路线：瑞金出发—挺进湘西—冲破四道封锁线—改向贵州—渡过乌江—夺取遵义—四渡赤水河（打乱敌人追剿计划）—巧渡金沙江（跳出敌人包围圈）—强渡大渡河—飞夺泸定桥—翻雪山—过草地—到达陕北吴起镇—甘肃会宁和将台堡会师。1936年10月，红一方面军、红二方面军、红四方面军在甘肃会宁和将台堡会师，长征结束。

1936年10月，在环境极其恶劣、装备极度落后、敌人围追堵截的情况下，红军三大主力在会宁和将台堡胜利会师，震惊世界的长征胜利结束。这是党领导人民军队的光辉胜利，也是人类历史上无与伦比的英雄史诗。

查阅相关资料，回答以下问题：

1. 你知道最早提出"长征"概念的是谁吗？

2. 中央红军长征共过了多少条大河？翻了几座大雪山？

3. 著名的乌蒙山回旋战是谁指挥的？

4. 红二十五军长征经过六盘山地区时曾攻占过哪座县城？

5. 你知道毛泽东在六盘山亲自指挥了哪次战斗吗？

6. 红军西征宁夏时谁担任总指挥？

7. 一名苗族战士攀岩成功，成为取得腊子口战斗胜利的关键，你知道他的名字吗？

8. 你知道行走在长征路上的"第一个红色医生"吗？

9. 最早向世界介绍长征的中共领导人是谁？

10. 著名的《长征组歌》讲述了红军万里长征的光辉历程。你知道《长征组歌》的词作者是谁吗？

11. 李贞是新中国的第一位女将军，你知道她随哪路红军参加长征、当时任什么职务吗？

12. 红一方面军第一支骑兵侦察连是在长征路上的哪次战斗胜利后组建的？连长是谁？

13. "长征是宣言书，长征是宣传队，长征是播种机。"这句名言出自毛泽东的哪部著作？

14. 长征中有多次会师，请问甘孜会师是哪两支部队会师？

注意事项

研学旅行学生行为规范及安全须知

《研学旅行学生行为规范及安全须知》是研学旅行安全、有效实施的基本准则和制度保障，学生必须知晓并严格遵守。

一、听从指挥

严格遵守研学旅行各项纪律，服从组委会、指导教师、教官、导游的安排和训导。

二、防止意外

不迟到、不掉队、不离队、不擅自离开驻地；在任何地方（包括宾馆房间），不玩火，不触摸电源，不爬树攀窗；经过陡坡、湖泊时，结伴绕道而行，不冒险前往，不擅自下水。

三、交通安全

乘坐火车、汽车等交通工具时，不争先恐后上下车，不把头或手等身体任何部位伸出窗外；过马路时遵守走斑马线、不闯红灯等交通规则；进入景区依次排队，不推挤打闹，不高声喧哗；乘车前各班各小组严格清点人数，核实无误后方可发车；如在乘车过程中身体出现不适症状，及时报告跟车老师，及时进行处理。

四、讲究卫生

饭前便后洗手，不吃不干净的食物；每天洗衣服、换袜子；不洗冷水澡以免感冒；严格按照分配的房间进行休息，严禁私自调换房间或是拼床进行休息，特别强调不准私自出宾馆游玩，一经发现，将严肃处理；严格按照作息时间休息、起床，禁止在宾馆内追跑打闹、大声喧哗；在宾馆休息时，不要躺在床上吃东西或乱丢垃圾，请保持宾馆整洁；宾馆空调温度调试适中，如出现身体不适及时向老师报告。

五、饮食安全

一日三餐规律，不挑食厌食；不在沿途和景区摊点购买食物、饮品，避免食用不卫生食物，确保身体健康；集体就餐时，请统一按规定的座位和时间文明就餐；如出现身体不适及时向老师报告。

六、财物安全

妥善保管好自己的钱、物和贵重物品（如相机、手机等），如有需要，可交老师保管；如果财物不慎丢失，请第一时间上报班主任或带队老师进行处理。

七、参观安全

到景区后，认真阅读有关须知，严格遵守有关规定，尊重当地风土人情和风俗习惯，爱护公物和文物，保护设施和环境，不随意触摸；分组行动时，各小组长密切关注组员动向，集合时请各班一定要清点好人数；如果与大部队走散，及时与班主任或带队老师取得联系，第一时间归队。

八、安心研学

在车上、景点、宾馆等研学路途中一定要保持安静，营造良好的研学旅行氛围；仔细聆听老师的要求，遵守课堂纪律，认真完成每一堂研学旅行课程。

九、遇事不慌

遇到特殊情况或突发事件，及时向指导老师汇报；牢记下列电话，紧急情况下可拨打求助。

火警：119　　急救：120　　公安报警：110　　交通事故报警：122

十、安全责任

研学旅行过程中，如因违反本规范而造成自己和他人伤害，造成设施、物品损坏和丢失等，由学生和家长共同承担后果。

我和父母已阅读完毕，同意以上行为规范要求。

签字：

日期：

研学旅行营员安全承诺书

在研学旅行中我郑重承诺：

1. 严格按照指导老师的要求完成研学旅行课程，绝不擅自离队，或做出其他危险行为。

2.按时按点按要求就餐，绝不私自购买不卫生食物。

3.严格遵守作息时间，按时就寝，按时起床，确保以饱满的精神迎接精彩的每一天。遵守寝室规章，不在寝室打闹，不做危险的动作，不串寝室，入睡前和起床后不在上铺逗留。

4.乘车时，按照指导老师的要求就座，按照顺序摆放好自己的行李。不将头和手伸出窗外，系好安全带，不在座位上做出危险的动作。

5.认真完成每一堂研学旅行课程，遵守课堂纪律。

6.遇到特殊情况或突发事件，及时向指导老师汇报。

我郑重承诺，严格遵守行为规范，圆满完成本次研学旅行！

签字：

日期：

附件

长征诗词

清平乐·六盘山

毛泽东

天高云淡，望断南飞雁。

不到长城非好汉，屈指行程二万。

六盘山上高峰，红旗漫卷西风。

今日长缨在手，何时缚住苍龙？

七律·长征

毛泽东

红军不怕远征难，

万水千山只等闲。

五岭逶迤腾细浪，

乌蒙磅礴走泥丸。

金沙水拍云崖暖，

大渡桥横铁索寒。

更喜岷山千里雪，

三军过后尽开颜。

忆秦娥·娄山关

毛泽东

西风烈，长空雁叫霜晨月。

霜晨月，马蹄声碎，喇叭声咽。

雄关漫道真如铁，而今迈步从头越。

从头越，苍山如海，残阳如血。

（策划人：兰州市第六十一中学　赵贵延）

穿大漠风沙，阅丝路文化

——"河西走廊寒暑假研学旅游"活动设计方案

❀ 活动主题

通过长达一周乃至半个月的河西走廊研学活动，学生进一步掌握丝绸之路的开通、东西方经济文化交流等方面的知识，将书本上的理论与路途中的实践相结合，使课堂流动起来，让课本鲜活起来。学生不仅了解到中华文化的渊源、历史人物的开拓精神与坚韧意志，提高研学与实践能力，而且通过一路西行，还能加深对古老的"丝绸文化"以及崭新的"一带一路"倡议的再认识，激发发现、创造能力，重塑民族自豪感，提升做好社会主义接班人的责任意识与担当意识。

❀ 活动目标

知识目标

了解丝绸之路的路线和作用；了解丝绸之路的历史意义，进一步体会"一带一路""命运共同体"的时代意义。

技能目标

培养学生相互合作的能力、开放包容的能力；培养学生互相学习、互利共赢的意识。

素养目标

学生通过丝绸之路的研学旅游，感受古老的中华文明，了解熠熠生辉的敦煌文化，感受中国古代辉煌的文化艺术之美，激发其民族自豪感和爱国热情。

❀ 活动对象

高职高专在校大学生。

❀ 活动形式

紧扣"文化＋旅游"的时代热点，以研学旅游的形式展开活动。

活动时间

以寒暑假期间为宜。

活动准备

1. 知识准备。

出行前，做好研学旅游攻略，了解河西走廊的历史、地理以及相关的人文知识，带着问题去研学。

【丝绸之路】丝绸之路是指起始于古都长安，连接亚洲、非洲和欧洲的古代陆上商业贸易路线。历史上的丝绸之路又被称为"毛皮之路""茶马之路""玉石之路""宝石之路""陶瓷之路""奴隶之路""宗教之路""香料之路"等。可见，在贸易交流的过程中，活跃于这条路上的商品不是仅限于丝绸，而是种类繁多，并形成了各种各样的规模贸易和交流。甘肃是丝绸之路的黄金地段。

【河西走廊】河西走廊地处黄河以西、祁连山和巴丹吉林沙漠中间的甘肃省西北部，是一个呈北西—南东走向的狭长平地，形如走廊，因为位于黄河以西，故称河西走廊。

【五凉文化】五凉文化是指建立在今甘肃西部的五个割据政权——前凉、后凉、南凉、北凉和西凉在其发展阶段所创造的文化，是最具代表性的武威历史文化。五凉文化上承建安、下启隋唐，百余年间延绵一脉，在中华优秀传统文化中历久弥新。

【古代河西走廊民族文化】中国有 56 个民族，其中甘肃省就有 40 多个，除了汉族之外，甘肃还有藏族、蒙古族、土族、东乡族、保安族、裕固族、回族、满族等，其中东乡族、保安族、裕固族为甘肃省特有的 3 个少数民族。各民族风俗习惯迥然各异，文化各不相同。在饮食、服饰、婚丧、节日庆典等方面均有自己的特色，各民族以其浓郁鲜明的民族风情、深远的内涵、绚丽的形式，充分展示其特有的风貌和特色。古丝绸之路上的甘肃，历史上曾经居住过西戎、乌孙、大月氏、匈奴、吐谷浑等古老民族。

【长城文化】长城为中华民族的脊梁，跨越千年历史，甘肃临洮有秦长城遗址，河西走廊是汉、明长城交汇之地，阳关、玉门关、嘉峪关屹立在河西大地。

【敦煌学】敦煌学是中国举世瞩目的"三大显学"（甲骨学、敦煌学和红学）之一。敦煌学是指以敦煌遗书、敦煌石窟艺术、敦煌学理论为主，兼及敦煌史地为研究对象的一门学科，是研究、发掘、整理和保护中国敦煌地区文物、文献的综合性学科。

2. 物品准备。

譬如太阳镜、遮阳帽、水壶、手电筒、手机、充电宝、笔记本等。

3. 行程安排。

行程安排如表 26 - 1 所示。可组织学生集体研学旅行，也可分散拆解、就近体验。

表 26 - 1　行程安排

日期	研学活动内容	地点
第一天	甘肃省博物馆、黄河铁桥	兰州
第二天	雷台、文庙、皇娘娘台、灵钧台	武威
第三天	张掖大佛寺、昭武城遗址、焉支山	张掖
第四天	嘉峪关城楼、魏晋壁画墓	嘉峪关
第五天	莫高窟	敦煌
第六天	阳关、玉门关、汉长城、河仓城	敦煌

活动第一日：甘肃省兰州市

活动流程

流程 1：参观甘肃省博物馆

甘肃丝绸之路文明展厅共分为丝绸之路的前奏、丝绸之路的开拓、丝绸之路的繁荣、丝绸之路的绵延四个单元，以丝绸之路发展史为脉络，主要展示自青铜时代起至宋元时期甘肃丝绸之路发展过程中文明的演变和政治、经济、文化的交流与融合，是研究中国古代中西方贸易往来和文化交流的佐证。该展厅有许多国宝级的文物展出，譬如中国旅游的标志——铜奔马；中国邮电的标志——驿使图。

流程 2：参观黄河铁桥

黄河铁桥有"天下黄河第一桥"之称。铁桥建成之前，这里设有浮桥横渡黄河。浮桥始建于明洪武五年（1372 年），名叫镇远桥，至今尚存建桥所用将军柱一根，高达 10 米，重约数吨。

活动拓展

查阅相关资料，回答以下问题：

1. 历史上丝绸之路有几条路线？丝绸之路的历史意义及现代"一带一路"的现实意义分别是什么？

2. "丝绸之路三千里，黄河文明八千年"的具体内容是什么？黄河文明的内涵是什么？黄河文明的具体表现有哪些？

3. 中国旅游标志铜奔马巧妙的力学平衡原理以及艺术价值是什么？

活动亮点

1. 改变传统的教育观念，提高学生的素养。

2. 注重有效的教学方法，挖掘学生的潜力。

3. 有意识地培养学生主动学习的积极性。

注意事项

1. 参观甘肃省博物馆需要提前预约，另外参观当日需要携带本人身份证，验证后进入参观。

2. 参观过程中禁止大声喧哗，应把手机调到静音状态。

3. 参观过程中如需拍照，禁止使用闪光灯。

活动第二日：兰州—武威

活动流程

流程 1：参观武威雷台

雷台是举世闻名的稀世珍宝、中国旅游标志铜奔马的出土地，位于甘肃武威城区北关中路，占地面积 12.4 万平方米，距今已经有 1700 多年的历史。

流程 2：参观武威文庙

武威文庙（见图 26-1）位于武威凉州区崇文街，始建于明正统四年（1439 年），为全国重点文物保护单位，是武威从古至今文风盛行的有力印证，向世人展示了河西儒学的博大精深。文庙由三部分组成，东为文昌宫，中为文庙，西为儒学院，占地面积 3 万平方米。整个建筑布局对称，结构严谨，是一组造型雄伟的宫阙式建筑群，被誉为"陇右学宫之冠"。

图 26-1 武威文庙

流程3：参观皇娘娘台

皇娘娘台遗址旧名尹夫人台，位于甘肃武威县城西北2.5千米。

流程4：参观灵钧台

武威海藏寺大殿后面古台名为灵钧台，台基土夯部分是晋代原建，台上藏经阁为明代建筑。灵钧台为前凉王张茂所筑。

活动拓展

查阅相关资料，回答以下问题：

1. 为什么说五凉文化在中国历史上起着"上承建安，下启隋唐"的重要作用？
2. 天梯山石窟为什么被称为中国石窟鼻祖？
3. 了解隋唐时期关于凉州的边塞诗词。

活动亮点

1. 在武威文庙孔子行教像前集体诵读儒家经典名句，现场进行传统文化教育。
2. 在武威雷台汉墓参观过程中了解汉代墓葬特点。

> **注意事项**
>
> 1. 参观武威雷台汉墓时，最好携带手电筒。
> 2. 进入武威雷台汉墓时，由于入口比较矮小，请大家注意安全，小心碰头。

活动第三日：武威—张掖

活动流程

流程1：参观张掖大佛寺

张掖大佛寺（见图26-2）始建于西夏，为西北内陆久负盛名的佛教寺院，素称"塞上名刹，佛国胜境"。

图 26 - 2　张掖大佛寺

流程 2：参观张掖昭武城遗址

两千多年前，在弱水下游有一座有名的古城——昭武城。昭武城是月氏民族的活动中心，匈奴占领河西后，开辟昭武城为商贸城，让月氏人与康国人经营贸易，接待西域各国商队，并代匈奴征税。而月氏民族始终不忘弱水之畔的故乡昭武城，其支庶王分别建立的九国皆以昭武为姓，以示不忘故国之意，这便是有名的"昭武九姓"。

流程 3：参观焉支山

焉支山又称胭脂山、燕支山、大黄山、青松山、瑞兽山，位于山丹县、永昌县交界处。东西长约 34 千米，南北宽约 20 千米，属祁连山支脉。隋大业五年（609 年），隋炀帝西行登此山接见西域 27 国使臣，并举办"万国博览会"，史书多有记载。唐代诗人李白在此留下"虽居焉支山，不到溯雪寒"的绝句。

活动拓展

查阅相关资料，回答以下问题：

1. 张国臂掖，以通西域。研究张掖在丝绸之路上的重要地位，为什么张掖会成为丝绸之路的货物集散地？

2. 揭秘哺育河西走廊的生命之源——祁连山。

3. 走进桑麻之地，邂逅璀璨的西夏文化。张掖成为西夏的陪都的原因有哪些？

活动亮点

1. 登顶焉支山，探究焉支山名称的由来，了解古代丝绸之路上的民族迁徙。

2. 参观西夏皇家寺院张掖大佛寺，探究大佛寺门前两侧的砖雕佛教壁画。历史上民族的信仰是多元化的吗？

注意事项

　　1. 张掖地处河西走廊中段，属于沙漠干旱地区，请参观前准备好饮用水，另外，这里紫外线比较强，请大家准备好防晒帽、太阳镜、防晒霜等物品。

　　2. 在参观焉支山的时候，有自由活动时间，请大家严格遵守约定时间，不要迟到，以免影响团队日程。

活动第四日：张掖—酒泉—嘉峪关

活动流程

流程1：参观嘉峪关城楼

　　嘉峪关（见图26-3）因南望祁连山脉，北连黑山，地势险要，而有"河西第一隘口"之称，是各代王朝建关设防的要地，也是丝绸之路必经的关隘和东西文化交流的要道。

图26-3　嘉峪关

流程2：参观魏晋壁画墓

　　位于嘉峪关市东北20千米处的新城乡戈壁滩上，已发现有1400多座砖墓群、内有魏晋时期的地下壁画，规模庞大，有"世界最大的地下画廊"之称。在已开掘的一部分当中，有8座是彩绘砖壁画墓，共出土壁画砖700余块，现在只有六号墓室对游人开放，五号墓出土的"驿使图"是中国邮电的标志。

活动拓展

查阅相关资料，回答下列问题：

1. 长城是中华民族保守、封闭的表现吗？

2. 嘉峪关新城乡的魏晋壁画墓为什么在中国美术史上有着特殊的意义？

活动亮点

1. 现场领取通关文牒。嘉峪关关城的通关文牒是古代"晨开酉闭"通关时必须查验的官方发放的通行证，曾被称为关照、符、节、传、过所、公验、度牒、路证等，每到一国需加盖该国印玺，从清末开始称为护照。

2. 讨论魏晋壁画墓中的"驿使图"的艺术价值。

> **注意事项**
>
> 1. 在参观嘉峪关关城的时候，由于内城城墙相对狭窄，请大家注意安全，不要拥堵和推搡，保持良好的队形，有序参观。
>
> 2. 参观魏晋壁画墓的时候，由于墓道进深比较长，墓道内光线不是特别好，最好提前准备好手电筒，便于参观。

活动第五日：嘉峪关—敦煌

活动流程

游览莫高窟。莫高窟位于库姆塔格沙漠边缘鸣沙山东段的一片断崖上，在错落曲折的栈道上分布着大大小小七百余窟。洞窟四壁画满了与佛教有关的壁画和彩塑。肃穆庄严的佛影，飘舞灵动的飞天，曲折离奇的佛家故事，富丽堂皇的经变画，让您感受佛家的庄严，得到艺术的洗礼。

活动拓展

查阅相关资料，了解以下知识：

1. 敦煌石窟艺术中的犍陀罗艺术的形成、发展及对中国文化的影响。

2. 外国探险队对敦煌文物的劫掠历史。

活动亮点

1. 了解敦煌彩塑的制作环节、色彩来源、模具制作、骨架搭建。为了彩塑鲜艳如初不会开裂，古人在黏土中添加了鸡蛋清、糯米汁、棉花、细小的麦草等，让学生动手体会，增加其对敦煌石窟的敬畏和热爱。

2.知道敦煌研究院历任院长的名字和贡献，参观已故敦煌研究院院长常书鸿的故居。

注意事项

1.参观莫高窟洞窟的时候，敦煌研究院有专门的石窟讲解员，大家在讲解员的带领下有序参观，请勿大声喧哗。

2.提前准备好手电筒、饮用水等物品，莫高窟洞窟内不允许拍摄，请勿将相机带入洞窟内，请勿触碰壁画。

活动第六日：敦煌

活动流程

流程1：参观阳关

因坐落在玉门关之南而取名阳关。阳关，始建于汉武帝元鼎年间，在河西"列四郡、据两关"，阳关即是两关之一。阳关作为通往西域的门户，是丝绸之路南道的重要关隘，又是古代兵家必争的战略要地。特别安排穿越古今：体验查验汉代法制的入关文牒（既现代海关核验护照签证），遥想古代丝路官商、僧侣入关情景。

流程2：参观玉门关

玉门关（见图26-4）为汉武帝时期所设，这里曾是丝绸之路的必经关隘，因新疆和田玉石经由此关而进入中原得名。

图26-4　玉门关

流程3：参观汉长城

玉门关西面党谷隧一带的长城保存较好，为我国目前汉代长城保留最完整的一段。烽燧旁边有报警时用以点燃烽火的积薪垛，现都已凝结为化石。在汉长城烽燧中曾出土1200多枚珍贵的汉简。

流程4：参观河仓城

河仓城（见图26-5），俗称大方盘城，位于敦煌西北60千米处的戈壁滩中，距玉门关（小方盘城）20千米。河仓城自汉代到魏晋一直是长城边防储备粮秣的重要军需仓库。

图 26-5 河仓城

活动拓展

查阅相关资料，了解以下知识：

1. 汉武帝"列四郡、据两关"的历史意义。

2. 汉长城的修造以及长城文化的认知。

活动亮点

1. 现场吟诵唐代诗人王维的《渭城曲》和王之涣的《凉州词》。

2. 沙漠露营，繁星布满敦煌的夜空，间或有流星划过，清晰、明亮，似乎触手可及。在这深邃的星空下，以天为被、以地为席，眼睛在星空游弋，感受戈壁沙漠的幽静。

注意事项

1. 参观阳关、玉门关的时候，请大家提前准备好防晒帽、遮阳伞、防晒霜、饮用水等物品。

2. 参观汉长城的时候，禁止攀爬、损毁行为。

活动总结

以研学旅游的形式展开活动，把课堂搬到户外、博物馆，理论和实践相结合，让课堂流动起来，让课本鲜活起来。学生的学习兴趣大增，获得感丰富，是一次非常有意义的活动。

（策划人：兰州职业技术学院现代服务系　郭嘉）

致同人：生命是一棵长满了可能的树

"可能南方的阳光，照着北方的风；可能时光被吹走，从此无影无踪……"听着轻吟浅唱的《可能》，坐在北方的阳光里，望着指尖流淌的时光，米兰·昆德拉的那句"生命是一棵长满了可能的树"便浮现了出来，于是想起了关于可能的一些人和事……

生命本就是可能，可能便意味着一切，相信可能才有可能。

是的，因为相信，与你们的相遇注定成为可能。

与君初相识　犹如故人归

冥冥中的机缘，我的生命中走进了你和你们。恰若与清风明月相遇，在顾盼流连间时光搁浅，演绎出一段光阴的故事，留下了几许光华，平添了几抹亮色，在生命的流转中，打磨成润泽醇厚的味道，愈久愈浓。

不得不说感恩，相遇；不得不说有幸，相知。

最初的相识极为偶然，一见如故。校园里远远走来的你，衣着朴质无华，笑容舒朗灿烂，举止大气不羁。经朋友引荐，果然是一位才女，不同凡响。十几岁便已是小有名气的陕西作家，如今更是成就斐然，为学校少有的年轻教授之一，实力可嘉。相谈中犹如故交，没有一丝陌生，反倒是格外的亲切投缘。

喜欢，便有了可能，也注定了相遇。

后来成为你团队的一员，与你再次相遇，如逢春风，如泽春雨，从此在你的场域里被赋能激活，美好绽放。

相信，使可能成为可能，让可能兑换成现实。

先请接受我的致意，我们团队可亲可敬的领跑者——白彩霞教授。

斯人若彩虹　遇上方知有

年华里总有些相逢摇曳于岁月的枝头，婆娑生香，回味无穷。

生命中有些相遇是一面之交，擦肩而过，而有些相逢则是一见如故，相见恨晚。

与白老师和团队的相遇相逢，注定是时光里活色生香的芬芳，岁月中摇曳多姿的舞动。

活跃敏锐的思维、清晰明了的思路、高屋建瓴的想法、目标明确的作风、解决问题的能力、识人善用的魄力等，作为一个团队领导者，该有的素质和涵养都能从白老师身上看到。

从团队的组建扩大，到团队的起步辉煌，传统文化教研室仅用了4年就快速成长壮大，这不仅得益于她的务实精神，更得益于她的远见与魄力。尤其是她善识人、会用人的独到眼光，肯激励、愿扶持的非凡气度，能激发和释放出团队每一个成员的潜质专长，让他们干得漂亮、做得精彩。

强大如此的她为人十分随和谦逊，极其善解人意。乐观豁达，质朴厚道，学识广博，才华出众，乐于助人，勤于做事，在这样的领导手下做事你会不开心吗？你能不尽力吗？你能做不好吗？

记得3年前录制院级精品课，陌生领域初次触碰，大家一脸茫然，无处着手，面对镜头更是无所适从，不知所措。但白老师却迎难而上，快速布局，严密组织，在她的热情鼓励、不断督促下，我们略带生涩、并不完美地完成了录制任务，可这并不妨碍我们的课程"中华传统文化导论"获评省级在线精品课。一番惴惴不安地尝试，也让大家初尝了努力的甜头，增强了实干的信心，更增加了团队的凝聚力。

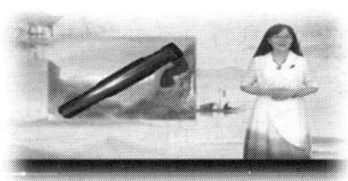

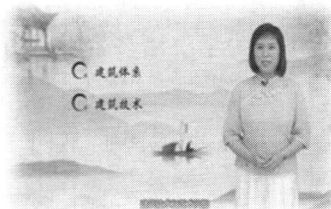

精品课的影响还没有减退，白老师说我们的老师各有所长，课堂教学又多有创新与亮点，认为目前高职院校缺乏传统文化的理想教材，她又提出新的挑战，要求团队自编教材。对，是自己扎扎实实地编写教材，是实实在在针对我们学生使用的教材。让它拿在手里有分量、有厚度、有高度、有温度。

这是一项看起来有些难度的任务。首先我们专职任课教师很少，力量有限。另外大家都没有真正编写过教材，没有经验，而且时间很紧张，一个寒假就要完稿。面对这些问题，在发表作品和出版教参两方面都具有丰富经验的白老师雷厉风行，说干就干。她在鼓励我们教学团队 6 个人的同时，又在全院搜罗人才。在白老师的带领下，大家 2022 年度过了一个辛苦而又充实的春节，最终如约交稿，每个老师都洋洋洒洒完成了几万字，经过字斟句酌反复推敲，几位主编的一遍遍修改，等 3 月份交付给出版社时，编辑老师都在感慨，这是一本非常有特色的传统文化的通识教材。

功夫不负有心人，半年后，当新一届学生看到教材里有他们任课老师名字的时候，都纷纷给这些老师们报喜说："老师，我们看到你的名字啦！我们好喜欢这本教材啊！"同学们拿着自己老师编写的教材，心里有一种难以言喻的对老师的信任、自豪、崇拜，以及对这个学校的归属感、对学习的认同感。

2023 新年伊始，当自编教材还散发着墨香的时候，白老师新的想法和规划又出来了：再出一本与课堂教学改革相适应的实践教材。这既是从课堂和学生的实际需求出发，又完全应和了国家倡导的树立文化自信、感受传统文化魅力、体验沉浸式的文化教育教学理念。

实在是佩服白老师敏锐前沿的理念、创新实干的精神。不得不说这又是白老师的一个大手笔，创编想法之新颖，参编人数之众多——不仅涉及本院五六个院系，还汇聚了本市乃至本省一些兄弟院校的 26 位精英老师，这又一次展现了她的魄力和胆识，同时也为团队每一个成员的教育生涯涂上了又一抹靓丽的色彩。

在白老师的带领下，这个团队越战越勇，一路走来，且行且珍惜。从欣赏风景到制造风景再成为风景，传统文化教研室成为学院诸多教学队伍中一道旖旎的风光。

相知岂在多　但问同不同

春天没有企图，只是把枯寂委顿变成响亮新生，让每一朵花都尽情绽放。

生命没有羁绊，只是素心向暖，浅笑安然，在光阴里自由舒展，恬淡从容。

这个团队的氛围是自由的、宽松的、包容的、利他的。大家彼此欣赏，相互助力；保持个性，彼此尊重。在春天里各自摇曳生姿，各美其美。

已经退休的李琼辉老师是教研室唯一的男性，满腹经纶的他，诗词歌赋信手拈来，历史、哲学、文学造诣颇深，无愧才子之名。在我们这个队伍里，他还是一个护花使者，永远笑容可掬，永远和蔼可亲，对每朵"花儿"都呵护有加，谁有困难他都会主动帮助，教研室有事他默默承担，从无怨言，永远乐天。随性中不乏智慧，大度中充满仁厚。他还是我们团队的润滑剂、开心果，自黑自嘲是他的惯用手法，"我老人家""洒家""老朽"是他的口头禅。幽默乐观的他，让我们教研室充满了快乐和谐的氛围。

优雅从容，低调持重；美丽端庄，大方得体。分寸感很强的甘春枝老师，堪称传统文化教研室的形象代言人。高雅知性，秀外慧中；持事稳重，学识深厚，既能独当一面，又能随和应变。有她，你便会相信教研室必能成事。

精致姣好的面容，温润柔和的嗓音，款款而行，婀娜多姿，举手投足间透露着古典美，笔墨言谈中流露出诗意美，看到她——王美龄，你不由得会想：浸润在传统文化中的女子便是这个样子，应是这个样子。美好便是如此。

娇小温和、安静内敛的外表下蕴藏着巨大的能量；少言持重、谦逊随和的态度中蕴含着内敛的才华。认识夏向军老师，让你记住永远不要小觑一个人的能量，永远不要低估一个人的才华，当然更不要被她的名字所迷惑。一个南方娇弱女子却有着无比强大的内心。

如果你不能想象一个兼具谦和、博爱的美德，娴静、温婉的品性，端庄、美丽的面容，大方、得体的举止，一个静若秋水、动如春风的年轻女孩是什么样子，那你只需看一眼我们的王文静老师，便会由衷地慨叹：莫若斯人也！无须言语，一个甜美的笑靥便让你难以忘记。

当然，一个优秀的团队永远少不了一个充满活力、敢想敢干、勇于担当的创新者。我们的团队，你永远不用担心缺乏活力、缺少创意，出现无人担当的局面。

因为我们有一位犹如小太阳般充满能量，满面春风，自带光芒，永远活力四射，永远敢于创新，永远勇于担当的人。她的加入使我们的团队犹如注入一股清泉，吹进一缕清风，新鲜而富有活力。她就是能文能武的朱慧玲老师。音乐专业毕业，心理咨询师，家庭教育专家，传统文化传播者……既可一展歌喉，又可婆婆起舞；既可纾解家庭教育问题，又能在课堂对传统文化娓娓道来。这样的同人，你会不爱吗？你能不爱吗？

对了，那个内心低调、外表张扬，思想传统、个性鲜明，长相自卑、气质尚可，态度谦和、骨子孤傲，貌似洒脱、实则严谨，散淡无求、做事认真的矛盾体就是本人。好在胸无大志、一无所求的个性没有影响这个积极上进、务实能干的团队，倒也为这个团队增加了一点点别样的色彩与灵动的气息。

当然，这仅仅是我们教研室的个人写真。做那么多的事靠我们几个人显然有些势单力薄，所以不得不提白老师慧眼觅得的几个得力外援与干将。

儒雅俊秀、才情兼具的苏文力老师；冰雪聪明、笔墨如流、才貌双全的于小秦老师；心性细腻、稳重素雅的李晓燕老师；才华横溢、幽默亲和的郭嘉老师；实干少言、充满智慧的赵继东老师；博学多才、洒脱通透的张茂武老师；灵动秀美、内外兼修的才女康思凝老师；极有悟性、美丽大方的赵延红老师；还有学养深厚、内敛清高的宋玲霞老师。

当你、当我、当我们相遇相知，便一如在春天让生命自由绽放，让美好自如舒展，这是怎样的一种幸运呢！

岁月清且淡　　时光滟亦潋

流年里时光静好，指缝间溢彩流光。萍水相逢，一转眼时光溢满；不期而遇，恰便是星辰大海。

加入传统文化教研室，便是与知己相遇，与同道共事。

这是一个一旦加入就会爱上，不想离开，充满活力，迸发激情的团队；

这是一个极有想法目标切实，踏实能干，不事懈怠，行必有果的团队。

这是一片沉淀着文化底蕴，又焕发着勃勃生机的天地；

这是一方蕴含着古老智慧，又绽放着青春活力的天地。

走进它，你就走进了静好的岁月、走进了旖旎的时光；

走进它，你就走进了生命的华彩、走进了激情的迸发。

浅淡的岁月里，携一抹感悟于流年里；生命的韵律中，镌刻些平仄在年轮中。

坐在北方的阳光里，望着指尖溜走的时光，想着长满可能的生命之树，一缕温和的阳光正在缓缓流淌绽放。

汤永霞

2023 年 8 月 20 日

特别致谢

一、由王文静老师组织指导，参与活动 1、活动 2 设计与策划的班级及学生

活动主题：《弟子规》领读

参与人员：艺术设计学院 22 影视多媒体技术 1 班全体成员

摄影：艺术设计学院 22 影视多媒体技术 1 班闫卓童

摄像：艺术设计学院 22 影视多媒体技术 1 班魏俊

活动主题：《过庭之训》情景剧

参与人员：艺术设计学院 22 广告艺术设计 4 班。旁白——祁竹珍；孔子——马秀娟饰演；孔鲤——焦珍饰演；陈亢——李建法饰演

摄像：艺术设计学院 22 影视多媒体技术 1 班闫卓童

摄影：艺术设计学院 22 影视多媒体技术 1 班魏俊、马得民

活动主题：《曾子避席》情景剧

参与人员：艺术设计学院 22 建筑室内设计 1 班。孔子——龙昌勇饰演；曾子——刘红记饰演；客人——王金明饰演；学生 1——廖哲饰演；学生 2——唐守鹏饰演；旁白——王文艳；演员还有艺术设计学院 21 建筑室内设计 4 班郭小东、刘妍

摄影：艺术设计学院 22 影视多媒体技术 1 班闫卓童

活动主题："行中华古礼，展民族风采"之社交礼仪篇展示

参与人员：健康学院 19 扩招护理班、20 扩招护理班（A 类），孟芝月、臧延兴、冯佳雨妍、李婷、丁玉洁、未玉芳、尚云、牛媛媛、李玉蝶、喇圣光、尚云、李婷、刘笑笑、邵淑红、李乐乐、张玉珍、梁潇文、刘蕾；艺术设计学院 21 建筑室内设计 4 班，高欢、樊芙蓉、鲁凤凤、高飞、兰格夜、张小雄、张转芳、樊盼龙、张文堂、庞爱乐、刘江、白秀秀

摄像：艺术设计学院 22 影视多媒体技术 1 班闫卓童

摄影：艺术设计学院 22 影视多媒体技术 1 班魏俊、马得民

活动主题：吟唱古风歌曲《礼仪之邦》

参与人员：薛衣汉风国学社部分成员，经济管理学院 22 会计 6 班吕静，艺术设计学院 22 动漫 2 班朱亚丽，艺术设计学院 22 动漫 2 班王雪丽，经济管理学院 22 大数据与会计 4 班王淑萍，现代服务学院 22 旅游管理 2 班孙小华，艺术设计学院 22 室内技师班王雅洁，艺术设计学院 22 动漫 1 班石娜娜，现代服务学院 22 文秘 1 班王素芳，经济管理学院 22 现代物流管理张建蓉，经济管理学院 22 现代物流管理蔡欣悦，艺术设计学院 22 建筑室内设计 3 班欧祥露，艺术设计学院 22 广告设计 3 班杨海靖，现代服务学院 22 旅游管理 2 班卓玛宗吉，艺术设计学院 22 广告设计 3 班刘江岩，艺术设计学院 22 动漫 1 班魏悦，现代服务学院 22 酒店管理 3 班李文珍，非物质文化遗产学院 22 首饰设计武金瑞，艺术设计学院 22 广告设计 3 班朱苗苗，现代服务学院 22 酒店管理 3 班刘会

策划者：艺术设计学院 21 建筑室内设计 4 班刘妍

组织者：现代服务学院 21 酒店管理 2 班刘蕾蕾

摄像：艺术设计学院 22 影视多媒体技术 1 班闫卓童，现代服务学院 21 婚庆班戚嘉楠、杨蕊

活动主题：《三顾茅庐》情景剧

参与人员：艺术设计学院 22 动漫制作技术 2 班。组长——杨东平；刘备——马明辉饰演；诸葛亮——颉嘉豪饰演；关羽——成世栋饰演；张飞——汪医华饰演；小童——王雪丽饰演；旁白——朱亚丽

拍摄和后期制作：王广启、马阳、张亚芳、庞碧娟

二、由康思凝老师组织指导，参与活动 3 设计的班级及学生

活动主题：《孔子问道》《韩非之死》情景剧

参与人员：初等教育学院 21 学前教育专业张智昭、李治岐、刘博；初等教育学院 22 幼儿教育专业杨镜儒、杨春晖、王梓一诺

三、策划老师刘稳妮，参与活动 17 设计的友好学校老师

活动 18 的音频朗诵者与制作者：宁波财经学院副教授张岗老师。

四、将个人视频无偿提供给我们在各章节使用的朱慧玲老师

这些视频以二维码形式分别安排在了活动 1、活动 6、活动 11 中。

五、上述没有提及但其他活动中使用的图片或视频中涉及的 2021 级、2022 级其他班级或同学们

（注：参与活动组织、拍摄与制作的学生均为兰州职业技术学院学生。）